Fachdidaktik der Naturwissenschaften unter besonderer Berücksichtigung der Physik

AF200198

BoD

Fachdidaktik der Naturwissenschaften unter besonderer Berücksichtigung der Physik

von

ALEXANDER STRAHL

> Geschrieben steht: »Im Anfang war das Wort!«
> 1225   Hier stock ich schon! Wer hilft mir weiter fort?
> Ich kann das Wort so hoch unmöglich schätzen,
> Ich muß es anders übersetzen,
> Wenn ich vom Geiste recht erleuchtet bin.
> Geschrieben steht: »Im Anfang war der Sinn.«
> 1320   Bedenke wohl die erste Zeile,
> Daß deine Feder sich nicht übereile!
> Ist es der Sinn, der alles wirkt und schafft?
> Es sollte stehn: »Im Anfang war die Kraft!«
>   GOETHE: Faust - Studierzimmer [Goe1808]

Umschlag: Vanessa Wolter
Grafiken und Bilder: Alexander Strahl
Zeichnungen: S. 11/12/14/33/42/61/68/158/159/163 Hans Strahl
Hintergrund: S. 22 Google Maps
Bild: S. 100 unbekannt entnommen aus [Kuhn1996, S.6]
Grafik: S. 133 Sasol

STRAHL, ALEXANDER (2018) *Fachdidaktik der Naturwissenschaften unter besonderer Berücksichtigung der Physik*. BoD – Books on Demand, Norderstedt

1. Auflage 2014, Braunschweig
2. Auflage 2018, Salzburg

Herstellung und Verlag:
BoD – Books on Demand, Norderstedt
ISBN 978-3-7460-8181-6

Vorwort

Ob die Kraft im berühmten Goethezitat den physikalischen Kraftbegriff meint, darf bezweifelt werden. Aber es zeigt doch eine Verbindung der Physik mit dem Anfang. Heute würde Faust vielleicht sagen: »*Im Anfang war die Physik!*« Das Zitat beinhaltet aber noch mehr. Beim Schreiben des Textes fiel bald auf, wie schwierig es war, über die zu behandelnden Bereiche zu schreiben. Nicht nur, dass es problematisch war, sie zu komprimieren, es stellte sich schnell heraus, dass viele Meinungen, Vorstellungen und Ansichten auftauchten. Ich habe versucht, keine feste Lehrmeinung wiederzugeben, sondern zu zeigen, wie vielseitig und wichtig es ist, hier eine eigene, fundierte Meinung zu entwickeln.

Das Werk entstand im Rahmen einer Vorlesung, die auf die wichtigsten Fragen und Einflüsse auf die Didaktik der Naturwissenschaft eingeht. Ausgehend von der Frage: *Was ist die Natur der Naturwissenschaften und in welcher Hinsicht ist sie für angehende Lehrerinnen und Lehrer wichtig?* werden diverse Themen angerissen, die von Wissenschaftsgeschichte bis zu der praktischen Umsetzung didaktischer Erkenntnisse im Unterricht reichen.

Meiner Ansicht nach gibt es für künftige Physik-Lehrkräfte im Rahmen ihres Studiums zu wenige Veranstaltungen, die die Herkunft gängiger Begriffe – wie z. B. dem der Physik oder der Natur – und die philosophischen Grundlagen unseres heutigen Wissenschaftsverständnisses beleuchten. Fraglich bleibt dann, auf welcher Grundlage Schülerinnen und Schülern wissenschaftliches und forschendes Denken durch ihre Lehrkräfte vermittelt werden kann?

Die epistemologische Überzeugung – also die grundlegende Auffassung – spielt jedoch beim Verstehen von wissenschaftlichen Zusammenhängen eine entscheidende Rolle. Neben ihrer Bedeutung im Lehr- und Lernzusammenhang und ihrem Einfluss auf Schülerinnen und Schüler hat sie auch Einfluss in unserem Alltag. Gesellschaft benötigt mündige Bürger, die ein realistisches Bild der Entstehung von Wissenschaft haben [vgl. BroKie2008, S. 193]. Im Zusammenhang mit der Vorlesung wird neben erkenntnistheoretischen Aspekten auch das methodische Vorgehen beleuchtet. Ein weiteres Kapitel beschäftigt sich mit dem Themenbereich Bildung, von Interesse könnten u. a. die Definitionen des Begriffes Bildung und damit das Verständnis von Bildung sein. Lehrerinnen und Lehrer sind Mitverantwortliche für die Bildung ihrer Schülerinnen und Schüler und somit ist Gewissheit sowie ein sicherer Umgang mit Bildung unumgänglich.

Salzburg im Januar 2018

ALEXANDER STRAHL

Zur Didaktik des Buches

Es wurde versucht, eine möglichst übersichtliche Darstellungsform zu finden. Der Haupttext verwendet dabei eine Schrift mit Serifen, die Nebentexte sind ohne Serifen.

Da wir als Menschen in Schubladen[1] denken [Roth2007], wurde in einigen Abschnitten versucht, die sich gegenüberstehenden Positionen zu charakterisieren. Diese Vorgehensweise entspricht einer Grenzwertbetrachtung, die erste Hinweise auf den Verlauf gibt. Natürlich sollte klar sein, dass es sehr viele Vermischungen und Untergruppierungen gibt. Außerdem ist es nicht immer möglich, klare Einteilungen zu finden.

Als Hilfsmittel wurde eine Maginalspalte verwendet, in der jeweils eine zum Abschnitt passende Frage gestellt wurde. Des Weiteren soll sie genug Platz bieten, um eigene Notizen direkt an den Rand zu schreiben.

Meist wurde auf illustrierende Beispiele verzichtet, da sie zwar Inhalte verständlicher machen, aber auch dimensionsreduzierend wirken können. Vielmehr wurden Originalzitate verwendet, die den Text auflockern und die unterschiedlichen Denkweisen darlegen sollen. Didaktische Einschübe mit konkreten Hinweisen sollen einen persönlichen Bezug herstellen. Im Anhang finden sich zu zwei Themen weiterführende Texte.

Im Anhang finden Sie außerdem einige Bilder ohne Unterschriften und Seitenzahlen. Sie können sie gerne als Kopiervorlage verwenden.

Ich hoffe, dass Ihnen diese Art der Aufteilung zuspricht und wünschen gute Anregungen.

---

[1] Wobei es aber wichtig ist, dass es recht viele Schubladen sind, die durchlässig sein sollen.

1 Bildung

Woher kommt der Begriff Bildung?

Der Begriff Bildung (althochdeutsch BILDUNGA – Schöpfung, Bildnis, Gestalt) wurde von dem mittelalterlichen Mystiker und Philosophen ECKHART VON HOCHHEIM[2] ins Deutsche eingeführt und bezieht sich wohl auf die Genesispassage (Bibel, 1. Buch MOSES, 26) [BibMos1.26] nach dem Gott den Menschen nach seinem Abbilde geschaffen hat. Bildung im klassischen Sinne ist als „Ab-Bildung Gottes" zu sehen. Allgemeiner würde man vielleicht damit die geistige Formung des Menschen bezeichnen. Der Begriff Bildung liegt dem griechischen PAIDEIA (gr. Erziehung, Bildung) nahe, was Erziehung und Ausbildung der ARETE (gr. Fähigkeiten, tauglich sein, Kanon[3] an Tugenden) bedeutet. In der frühen Neuzeit sieht es J.A. COMENIUS[4] noch ähnlich und bezieht sich auf die Hinführung zur Gottähnlichkeit, was einem mystisch-alchemistischem Ziel entspricht. Das heutige Verständnis des Begriffes bildet sich im 17. Jahrhundert heraus. So heißt es in J. W. VON GOETHES[5] Wilhelm Meisters Wanderjahren: *„Das Leben bildet."* [Goe1829]. Nach WOLFGANG KLAFKI[6] ist Allgemeinbildung:

... Aneignung der die Menschen gemeinsam angehenden Frage- und Problemstellungen ihrer geschichtlich gewordenen Gegenwart und der sich abzeichnenden Zukunft und als Auseinandersetzung mit diesen gemeinsamen Aufgaben, Problemen, Gefahren. ...

W. KLAFKI [Kla1996, S. 53]

Was versteht man unter Bildung?

Allgemeinbildung kann als Bildung in allen Grunddimensionen menschlicher Interessen und Fähigkeiten verstanden werden, also Bildung des lustvollen und verantwortlichen Umgangs mit dem eigenen Körper, der kognitiven

---

[2] ECKHART VON HOCHHEIM bekannt unter MEISTER ECKHART 1260 – 1328

[3] KANÓN (gr. Rohrstock, Messstab), lat. CANON (Richtschnur)

[4] JOHANN AMOS COMENIUS 1592 – 1670 Philosoph, Theologe & Pädagoge

[5] JOHANN WOLFGANG VON GOETHE 1782 – 1832 dt. Dichter

[6] WOLFGANG KLAFKI 1927 Begründer der bildungstheoretischen Didaktik und einer der führenden Vertreter der kritisch-konstruktiven Didaktik.

Möglichkeiten, der handwerklich-technischen und der hauswirtschaftlichen Produktivität, der Ausbildung zwischenmenschlicher Beziehungsmöglichkeiten, der ästhetischen Wahrnehmungs-, Gestaltungs- und Urteilsfähigkeit, schließlich und nicht zuletzt der ethischen und politischen Entscheidungs- und Handlungsfähigkeit [vgl. Kla1996, S. 54].

Abbildung 1.1: Grafische Darstellung der Dimensionen von Bildung; angelehnt an [Kla1996, S. 52], [Ben2003, S. 97f] und [Jun1970, S. 14-18]

Worin liegen die Ziele der Bildung?

Als Bildungsziele könnten demzufolge definiert werden: Erwerb intelligenten Wissens, Erwerb anwendungsfähigen Wissens, Erwerb variabel nutzbarer Schlüsselqualifikationen, Erwerb des Lernens und Lehrens, Erwerb von Werteorientierung. Entscheidend ist dabei das intelligente Wissen als zentrales Zielkriterium [vgl. Düh2006, S. 201].

Ist Bildung aktiv oder passiv?

Nur das tätige Tun und die damit verbundenen Irrtümer erlauben eine Bildung des Menschen. Für die inhaltliche

Auswahl, die den Bildungsprozess fördern soll, verlangt KLAFKI eine Ausrichtung an den Kernproblemen der Gegenwart und Zukunft.

Alexander von Humboldt

Geschichtlich gesehen reicht die Bildungsdiskussion bis auf PLATON [7] zurück, dieser setzte sich in seinem berühmten Höhlengleichnis mit Bildung und Unbildung von Menschen auseinander. Menschen, die in einer Höhle gefesselt sind, nie das Tageslicht gesehen haben, spielen die Hauptrolle. Im übertragenen Sinne versucht er damit deutlich zu machen, dass Menschen von klein auf an das gebunden sind, was sie zu sehen oder zu wissen glauben. Niemand kann behaupten, ganz frei zu sein von dem, was er täglich an Halbwahrheiten und Meinungen erfährt. Bei PLATON sind somit beide Seiten des Bildungsprozesses enthalten: Die Einwirkung von außen als Anstoß (dies ist der Bereich der pädagogischen Wirksamkeit) und die Eigeninitiative des Individuums als Vollzug.

Wo liegen die Anfänge?

Später beschäftigten sich viele weitere Philosophen, Denker und Pädagogen mit der Bildung. Einige, die auch heute noch bedeutsam sind, sollen im Folgenden erwähnt werden.

IMMANUEL KANT[8] widmet sich der Betrachtung des Zusammenhangs zwischen der Forderung nach einem mündigen und autonomen Leben und dem Bildungsgedanken.[9] Er stellt dabei die drei Fragen für die Vernunft des Menschen

Was sind für Kant die wichtigsten vier Fragen?

---

[7] PLATON 428 – 348 v. u. Z., gr. Philosoph

[8] IMMANUEL KANT 1724 – 1804 dt. Philosoph der Aufklärung

[9] Der kantsche Imperativ: „*Handle nur nach derjenigen Maxime, durch die du zugleich wollen kannst, dass sie ein allgemeines Gesetz werde.*" [Kan1785]

(auf die wir später noch zurückkommen werden): *Was kann ich wissen? Was soll ich tun? Was darf ich hoffen?* Und schließt dies in einer Frage: *Was ist der Mensch?*

Für ihn besteht kein Zweifel daran, dass es die Aufgabe des Menschen ist, sein Leben moralisch auszurichten. Der Mensch besitzt die Anlage zum Guten, diese macht wiederum eine moralische Bildung möglich.

Was ist der formale Bildungsansatz?

Die in unserem Alltagsdenken vorkommenden Assoziationen zum Bildungsbegriff, wie etwa „Belehrung", „Wissensvermittlung" u. a., sind in der eigentlichen Bildungsidee, wie sie z. B. WILHELM VON HUMBOLDT [10] sieht, nicht vorhanden. HUMBOLDT betrachtet Bildung im Wortsinn vielmehr als Moment der Selbstständigkeit, also des Bildens der Persönlichkeit. Diese Bildung entsteht aus der Fähigkeit zur kritischen Reflexion und dem tätigen Tun. Der wahre Zweck des Menschen besteht für W. VON HUMBOLDT in der Bildung. In Bildungsprozessen findet seiner Ansicht nach immer eine Wechselwirkung zwischen Mensch und Welt statt. Ziel von Bildung ist nicht nur, dass der einzelne Mensch seine Möglichkeiten realisiert, sondern vor allem, dass er im Dienste der Allgemeinheit eine Behebung sozialer und politischer Missstände sowie eine Verbesserung des menschlichen Zusammenlebens anstrebt. Wobei Sprache sowohl die Bedingung, als auch ein Bestandteil von Bildungsprozessen ist.

Ist Bildung von etwas abhängig?

Auch GEORG WILHELM FRIEDRICH HEGEL[11] ist der Meinung, dass die Bildung des Einzelnen immer in Abhängigkeit von der Gesellschaft, dem Staat, der Geschichte, der Natur und der Kultur geschieht. HEGEL betont aber im Gegensatz zu W. VON HUMBOLDT die Übermacht des Allgemeinen,

---

[10] WILHELM VON HUMBOLDT 1767 – 1835 Gelehrter und Mitbegründer der Universität Berlin
[11] GEORG WILHELM FRIEDRICH HEGEL 1770 – 1831 dt. Philosoph

also die gesellschaftliche Determiniertheit des Individuums.

> *Der gebildete Mensch ist ein Mensch, der „denkt", das heißt, jemand, der die allgemeinen Bestimmungen einer Sache erfassen, sie beurteilen und sich dementsprechend Ziele setzen kann. In praktischer Hinsicht ist ein gebildeter Mensch ein sittlicher Mensch.*
>
> *[DörPoeWig2008, S. 84]*

Bedingungen, die Bildung fördern, sind zum einen in der menschlichen Freiheit, in den vielfältigen Situationen und zum anderen in der Verbindung des Individuums mit anderen (Sozialisation) zu finden. Schule ist für HEGEL nur eine Stufe der Bildung, die schulischen Urteile sind keine vollständigen Urteile über den Einzelnen. Zucht und Disziplin (lat. DISCIPLINA – Zucht, Lehre, Schule) sind der Ausgangspunkt von Bildung, sie werden in der Familie gelehrt. Sowohl die moralische Unterweisung als auch der schulische Unterricht bauen darauf auf. Die schulische Bildung bereitet dann auf das ernsthafte, öffentliche Leben vor [vgl. DörPoeWig2008, S. 85].

Was für Bedingungen sind nötig?

HEGEL fordert den Abstand des Individuums vom Willen und der eigenen Vorstellung; es soll ein Denken, Wollen und Handeln gemäß einem vorgegebenen Allgemeinen anstreben.

Nur auf dem Fundament der Bildung ist eine aktive Gestaltung der Lebenswelt des Individuums möglich [vgl. DörPoeWig2008, S. 19]. Erst durch die wissenschaftliche Bildung lernt der Mensch zu denken und befreit sich dadurch aus seiner Abhängigkeit von Gefühlen und Trieben, denn im Denken erlangt er Distanz zu ihnen und wird sich seiner Reaktionsweise bewusst.

Wie sollte man seine Lebenswelt gestalten?

HEGELs Dialektik der Erziehung und Bildung zur Freiheit mit repressiven Mitteln löst er über die Einsicht in die Notwendigkeit und den Appell an die menschliche Vernunft auf.

Also, meine Freunde, verwechselt mir diese Bildung, diese zartfüßige, verwöhnte, ätherische Göttin nicht mit jener nutzbaren Magd, die sich mitunter auch die ›Bildung‹ nennt, aber nur die intellektuelle Dienerin und Beraterin der Lebensnot, des Erwerbs, der Bedürftigkeit ist. Jede Erziehung aber, welche an das Ende ihrer Laufbahn ein Amt oder einen Brotgewinn in Aussicht stellt, ist keine Erziehung zur Bildung, wie wir sie verstehen, sondern nur eine Anweisung, auf welchem Wege man im Kampfe um das Dasein sein Subjekt rette und schütze. Freilich ist eine solche Anweisung für die allermeisten Menschen von erster und nächster Wichtigkeit: und je schwieriger der Kampf ist, um so mehr muß der junge Mensch lernen, um so angespannter muß er seine Kräfte regen.

F. NIETZSCHE *[Nie1872, S. 715]*

Zu finden ist dieses Zitat von FRIEDRICH NIETZSCHE[12] in einem Vortrag (1872) über die Zukunft der Bildungsanstalten. Er bezieht in seine Kritik am Bildungssystem auch die Universitäten ein und vertritt die Ansicht, dass Bildung und die Spezialisierung in der Wissenschaft nichts gemein haben.

Wahre Bildung ist für Nietzsche privilegiert und elitär, aber nicht, weil sie für einen Kreis Bessergestellter vorgesehen ist, sondern im Gegenteil, weil wahre Bildung sich an der Fähigkeit zum kritischen Denken und künstlerischen Schaffen orientiert, aus der bedeutende kulturelle Werke entstehen. Für ihn ist Bildung »*eine schöpferische und gestaltende Leistung des Menschen*« [DörPoeWig2008, S. 99]. In den erwähnten Vorträgen erläutert er ebenso wie HUMBOLDT die Bedeutung von Sprache. Er

---

[12] FRIEDRICH NIETZSCHE 1844 – 1900 dt. Philosoph

bezeichnet Sprache als ‚Keim' und ‚Fundament' jeder höheren Bildung.

THEODOR W. ADORNO[13] setzt sich intensiv mit dem Begriff der Halbbildung auseinander. Er beschreibt, dass Menschen zur Halbbildung verurteilt sind, denen die Voraussetzungen für die humanistische Bildung im humboldtschen Sinne nicht gewährt werden bzw. denen diese fehlen. Halbbildung[14] kann aber nie die Vorstufe von Bildung sein. Aber nicht Halbbildung ist das Problem unserer Epoche, sondern das Fehlen von normativen Ideen der Bildung [vgl. Lie2006, S. 9].

Was ist Halb-bildung?

> *Daß niemand mehr zu sagen weiß, worin Bildung oder Allgemeinbildung heute bestünden, stellt keinen subjektiven Mangel dar, sondern ist Resultat eines Denkens, das Bildung auf Ausbildung reduzieren und Wissen zu einer bilanzierbaren Kennzahl des Humankapitals degradieren muß.*
>
> *Alle Bildungstheorie heute müßte, gemessen an dem, was in der europäischen Tradition seit der Antike unter der Bildbarkeit des Menschen verstanden worden war, und in Fortführung des kritischen Programms Adornos deshalb eine »Theorie der Unbildung« sein.*
>
> *K. P. LIESSMANN [Lie2006, S. 10]*

1.1 Bildung im (Physik-) Unterricht

Bildung wird im Allgemeinen seit dem 19. Jahrhundert als übergeordneter Begriff verwendet, der Erziehung und Unterricht subsumiert. Interessanterweise gibt es im angelsächsischen Sprachraum keinen gesonderten Begriff für Bildung. Der verwendete Begriff *education* meint gleichsam Erziehung und Bildung. Entscheidende Beiträge zur Gestaltung des Schulwesens kamen von

Kann Unterricht bilden?

---

[13] THEODOR W. ADORNO 1903 – 1969 dt. Philosoph und Soziologe

[14] Halbbildung galt als verächtliche Bezeichnung von Emporkömmlingen der unteren Bildungsschichten. Bei ADORNO bezeichnet es eine Bildung, die lückenhaft und oberflächlich ist und nur als Selbstzweck oder zur Anpassung erworben wurde.

W. von Humboldt und Johann Heinrich Pestalozzi[15]. Notwendigerweise, so ihre einstimmige Meinung, benötigen alle Bürger und Bevölkerungsschichten ein gewisses Maß an allgemeiner Bildung. Strittig sind sich Pestalozzi und Humboldt in der Frage, welche Bedeutung dem naturwissenschaftlich-technischen Bereich zukommen soll.

Was ist der materiellere Bildungsansatz?

Pestalozzi äußert in seinem Hauptwerk *„Wie Gertrud ihre Kinder lehrt"* (1801) [Pes1801], dass Unterricht durch die *„Realkenntnis wirklicher Gegenstände"* bilden solle. Nur eine solche Verfahrensweise könne gewährleisten, dass Fertigkeiten geschult würden, die der Erfüllung von Lebenspflichten dienen. *„Realkenntnisse gegen Buchstabenkenntnisse"*, so sein Plädoyer gegen eine einseitige Ausbildung im Unterricht. Seiner Forderung nach müssen vielmehr die Berücksichtigung von Erdbeschreibung, Historie, Naturlehre und Naturgeschichte und somit von Physik, Chemie und Biologie als elementare Bestandteile von Bildung im Unterricht gelten [vgl. Wil2003, S. 79].

Worin sieht Humboldt die wesentlichen Bestandteile der Bildung?

Humboldt hingegen vertrat in seinem richtungsweisenden litauischen Schulplan die Auffassung, dass Bildung nur durch eine erschöpfende Förderung aller menschlichen Geisteskräfte zu erlangen sei. Unterricht müsse demzufolge vor allem den Geist schulen. Dabei war es nicht das erklärte Ziel Humboldts, Erfahrungswissen aus dem Unterricht zu verbannen. Es sollte aber nur Eingang finden, solange es der Übung des Geistes dienlich sei. Mechanisch eingeübte naturwissenschaftliche Kenntnisse, so Humboldt, dienen lediglich der Abrichtung, nicht aber der Bildung von Menschen. Nur, wenn Schülern die Gründe naturwissenschaftlicher Einsichten vermittelt werden, handele es sich um notwendige Bildung.

Aufgrund dieser didaktischen Überlegungen bestand im allgemeinbildenden Schulwesen nur eine geringe Not-

---

[15] Johann Heinrich Pestalozzi 1746 – 1827 schweizer Pädagoge

wendigkeit naturwissenschaftlichen Unterricht anzubie-
ten. Dessen Hauptaufgabe lag vor allem in der Einübung
des Gebrauchs von Sprache, Schrift, Zahl und Maßsyste-
men. Auch in den weiterführenden Schulen hatte Physik
in HUMBOLDTs Schulplan eher einen nebensächlichen Charakter, hier sollte Bildung vor allem durch Sprache, Mathematik und Geschichte vermittelt werden.

Naturwissenschaft	Geisteswissenschaft
res extensa (Descartes, 1641)	*res cogitans* (Descartes, 1641)
harte Wissenschaft (Helmholtz, 1862)	weiche Wissenschaft (Helmholtz, 1862)
nomothetisch (Windelband, 1894)	ideographisch (Windelband, 1894)
das Äußere	das Innere
Erkenntnis	Erleben
Daten & Fakten	Lieben & Leiden
Physik & Mathematik	Literatur & Kunst
objektiv	subjektiv
Beispiel: Koeppen	Beispiel: Habermas
Interessentypen: Typ A	Interessentypen: Typ C
Forscher, Ingenieure (nach Snow, 1963)	Autoren, Kritiker (nach Snow, 1963)
2. Hauptsatz der Thermodynamik	Sonette von Shakespeare
E. Fischer (2003) Die andere Bildung	D. Schwanitz (1999) Bildung. Alles, was man wissen muß.

Tabelle 1.1: Aussagen zur Natur- und Geisteswissenschaft [StrHer-Hav+2016]

Es dauerte länger als ein Jahrhundert bis der Streit zwischen den Anschauungen PESTALOZZIs und HUMBOLDTs beigelegt wurde. Es kam zu einer Dualitätsbildung: PESTALOZZIs Bildungsansatz wurde als *materialer* (das Wissen an sich hat bildende Kräfte) und HUMBOLDTs als *formaler* (Wissen nur zur Schulung der Geisteskräfte) aufgefasst. Hierdurch wird der Riss zum Bruch, der Geistes-[16] und Naturwissenschaften voneinander trennt. Für eine Gegenüberstellung siehe Tabelle 1.1. Heute gibt es Bemühungen, diesem Bruch mit Interdisziplinarität entgegen zu wirken.

Wann wird die Naturwissenschaft wichtig?

Erst das frühe 20. Jahrhundert brachte eine Hinwendung zu naturwissenschaftlichen Inhalten. In humanistischen Gymnasien wurde der Stundenanteil der Physik erhöht. Aufschlussreich ist, dass erst jetzt neben den humanistischen Gymnasien auch Realgymnasien und Oberrealschulen, in denen der naturwissenschaftliche Anteil der Stunden höher vertreten war, die Berechtigung zur Erteilung der Hochschulreife bekamen [vgl. Wil2003, S. 80]. Dieser Trend ging mit der Entwicklung der Modernen Physik einher, die wiederum große Wechselwirkung mit der Philosophie hatte.

Trotzdem sah sich GEORG KERSCHENSTEINER[17] kurz vor Beginn des Ersten Weltkrieges in seinem Werk „*Wesen und Wert des naturwissenschaftlichen Unterrichts*" [Ker1914] bemüßigt, einen weiteren Versuch zu unternehmen, durch einen ausführlichen Vergleich des Unterrichts alter Sprachen mit dem naturwissenschaftlichen Unterricht, dessen Bildungswert nachzuweisen.

Wieso ist das Fragen wichtig?

Ganz im Sinne HUMBOLDTs geht KERSCHENSTEINER davon aus, dass das Ziel beider Fächer ein übergeordneter, formaler Bildungswert sei. Seiner Ansicht nach werden bei der Anwendung grammatikalischer Grundsätze auf die Übersetzung klassischer Texte die gleichen Denkprozesse

---

[16] Es wäre auch möglich von Kultur- oder Gesellschaftswissenschaften zu sprechen, aber eine Umbenennung ändert noch nicht die Vorstellung.

[17] GEORG KERSCHENSTEINER 1854 – 1932 dt. Pädagoge, Begründer der Berufsschulen

durchlaufen, wie bei der Anwendung naturwissenschaftlicher Gesetzmäßigkeiten auf Fragen der Forschung und Technik, des praktischen Lebens oder natürlicher Phänomenen.

Ziel eines guten Unterrichtes sei es, die Schülerinnen und Schülern zum Fragen zu veranlassen. Den nächsten Schritt im Problemlöseprozess bilden Vermutungen zur Lösung des Sachverhaltes, den dritten deren semantische Prüfung. Erst an diesem Punkt zeigt sich eine Differenzierung zwischen dem sprach- bzw. naturwissenschaftlichen Unterricht. Im Unterricht der alten Sprache liegt der Vorteil in der Fülle der Vermutungen, die zu der Übersetzung eines Textes angestellt werden können, im naturwissenschaftlichen in der Überprüfbarkeit der Ergebnisse eines Experiments und der Ergründung der realen Tatsachen. Beide Fächer schulen somit im Hinblick auf die jeweilige Denkrichtung des Faches das sorgfältige Suchen nach der optimalen Antwort auf die anstoßende Frage des Denkprozesses, fördern also das logische Denken der Schülerinnen und Schüler. Auch die Bildung eines „sittlichen Gewissens" sei durch den Physikunterricht möglich und zwar durch die Vermittlung spezifischer Werte:

- *Den Geist der Gesetzmäßigkeit allen Weltgeschehens; ferner den unbedingten und zeitlosen Wert der Wahrheit; der in der Erkenntnis naturgesetzlicher Zusammenhänge aufscheint*

- *Die Erziehung zu sachlicher Einstellung – denn «letzten Endes ist alle Sachlichkeit auch Sittlichkeit» - und in Zusammenhang damit Objektivität sowie die Tugenden der Exaktheit*

- *Bescheidenheit sowie skeptische Geisteshaltung gegen sich selbst*

- *Verantwortungsgefühl für die Genauigkeit erzielter Ergebnisse*

Was ist das Ziel guten Unterrichts?

> - *Endlich, und von Kerschensteiner besonders hoch geschätzt, das Gefühl der Verantwortlichkeit für die Arbeit der Arbeitsgemeinschaft*
>
> J. WILLER [Wil2003, S. 81-82]

Moralische Werte in der Bildung?

Dennoch sieht sich auch KERSCHENSTEINER gezwungen kritisch anzumerken, dass der Bildungswert der Naturwissenschaften im Hinblick auf die eigentlich moralischen Werte nur indirekt zu erschließen ist. In dieser Anmerkung schwingt noch die Vorstellung jener strikten Trennung zwischen kultur- und naturwissenschaftlichen Fächern mit, die den ursprünglichen Disput um den Bildungswert der Naturwissenschaften bestimmte [vgl. Wil2003, S. 82].

Was versucht die Physik zu erfassen?

Bedenkenswert ist, dass die Physik versucht, das *Weltganze* zu erfassen, hierbei aber (bis jetzt) keine treibende (metaphysische) Kraft gefunden hat. Aus dieser Begründbarkeit der Natur ergibt sich, dass jede für allgemein gehaltene Moral oder Sittlichkeit, die in letzter Instanz am Göttlichen orientiert war, durch die Physik ihrer göttlichen Grundlage beraubt wurde. Die Erkenntnisse der Modernen Physik haben also entscheidend dazu beigetragen, dem Menschen seine Mündigkeit wiederzugeben. Diese Mündigkeit ist eine Forderung aus der Zeit der Aufklärung und hat einen sehr starken Einfluss auf die Gesellschaft und die Kultur, was Grund genug sein sollte, sich damit ausgiebig auch im Unterricht zu beschäftigen[18].

Wieso ist naturwissenschaftliche Bildung wichtig?

Naturwissenschaftliche Bildung ist elementar wichtig für das Verständnis der Kultur, da sie die Grundlage eines realen Weltbildes bildet, die die Sicht auf die Welt in den letzten 500 Jahren entscheidend verändert hat und bei vielen geschichtlichen und philosophischen Veränderungen beteiligt war.

---

[18] CLAUS ARTHUR SCHEIER: *„Jede Kulturleistung des Menschen wurde nur geschaffen, um sich mit dem Tod auseinanderzusetzen."* [Schei2006]

Das Zweistromland der Bildung

Höhlengleichnis:

- Menschen sind an das gebunden, was sie zu sehen/wissen glauben
- Befreiung durch Anstoß von Außen und Eigeninitiative

Bildung ist die Formung des Menschen.

Platon (428-348 vuZ)

Meister Eckhart (1260-1328)

- Logisches Nachdenken über die Natur
- Experimentieren ist verpönt

Aristoteles (384-322 vuZ)

Galilei (1564-1642)

Einführung des Experimentierens als Methode

Materieller Bildungsansatz

Pestalozzi (1746-1827)

- Unterricht sollte durch „Realkenntnis wirklicher Gegenstände" bilden.
- „Realkenntnisse gegen Buchstabenkenntnis"

Lehrer muss bereit zum Fächerübergriff sein.

Wagenschein (1896-1988)

Fischer (1947-)

Klafki (1927-)

- Wissenschaft beeinflusst
  - Verantwortung
  - Stellung des Menschen
  - Lebenswelt
- Wissenschaft ist nicht abgeschlossen.

Nur das tätige Tun und die damit verbundenen Irrtümer erlauben eine Bildung des Menschen.

Die Bildung ist im Fluss.

Humboldt (1767-1835)

- Nur durch eine Förderung aller menschlichen Geisteskräfte ist Bildung zu erlangen.
- Unterricht muss den Geist schulen.
- Naturwissenschaftliche Kenntnisse dienen lediglich der Abrichtung, nicht aber der Bildung von Menschen.

Formaler Bildungsansatz

Kerschensteiner (1854-1932)

- Naturwissenschaft hat einen formalen Bildungswert.
- Ziel des Unterrichtes ist es, die Schülerinnen und Schüler zum Fragen zu veranlassen.

Schwanitz (1940-2004)

- Bildung nennt man das durchgearbeitete Verständnis der eigenen Kultur.
- Wenn die Kultur eine Person wäre, würde sie Bildung heißen.
- Naturwissenschaft gehört nicht zur Bildung.

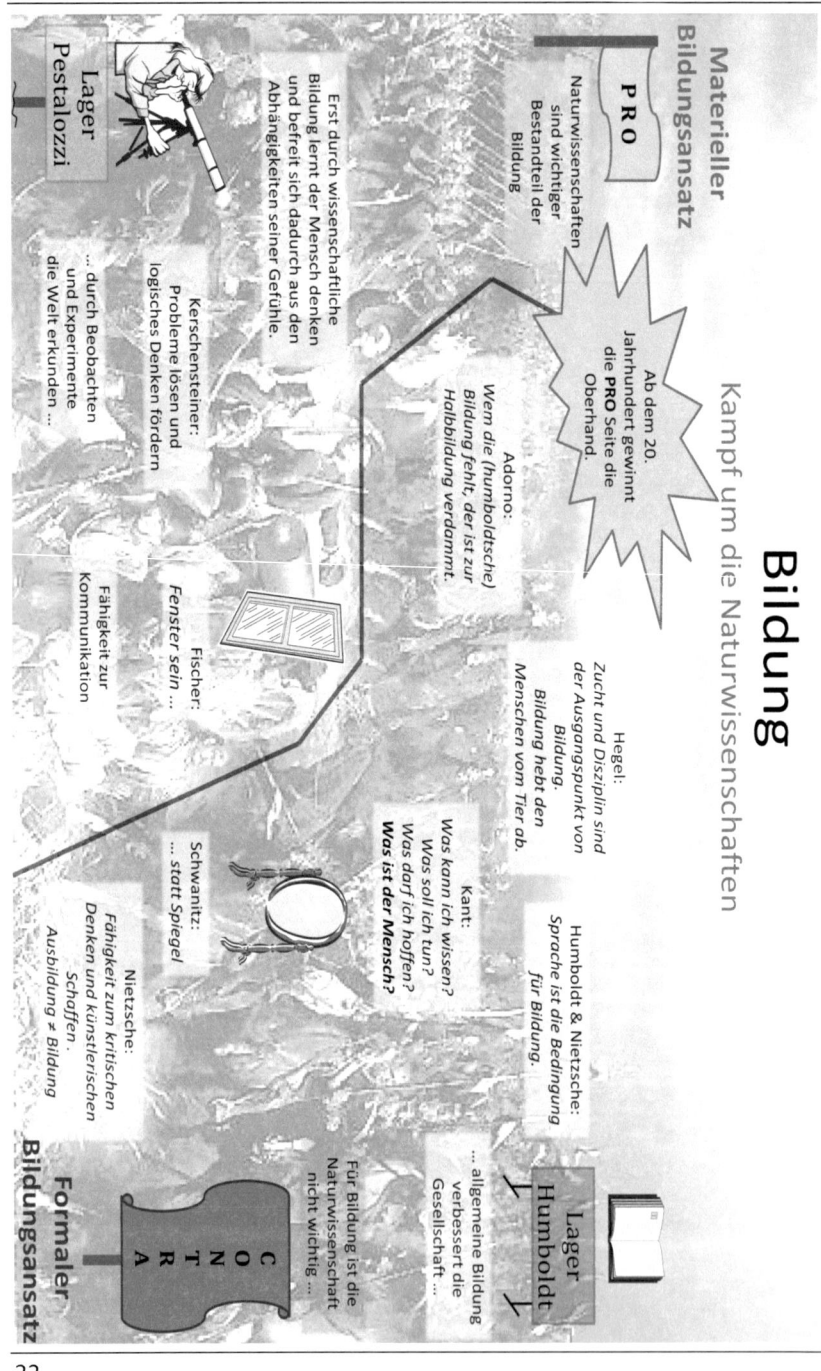

Bildung

Kampf um die Naturwissenschaften

Materieller Bildungsansatz

PRO

Naturwissenschaften sind wichtiger Bestandteil der Bildung

*Ab dem 20. Jahrhundert gewinnt die **PRO** Seite die Oberhand.*

Erst durch wissenschaftliche Bildung lernt der Mensch denken und befreit sich dadurch aus den Abhängigkeiten seiner Gefühle.

Adorno: Wem die (humboldtsche) Bildung fehlt, der ist zur Halbbildung verdammt.

Kerschensteiner: Probleme lösen und logisches Denken fördern

Fischer: Fenster sein ...

Hegel: Zucht und Disziplin sind der Ausgangspunkt von Bildung. Bildung hebt den Menschen vom Tier ab.

Kant: Was kann ich wissen? Was soll ich tun? Was darf ich hoffen? Was ist der Mensch?

Schwanitz: ... statt Spiegel

Humboldt & Nietzsche: Sprache ist die Bedingung für Bildung.

Nietzsche: Fähigkeit zum kritischen Denken und künstlerischen Schaffen. Ausbildung ≠ Bildung

Lager Pestalozzi

... durch Beobachten und Experimente die Welt erkunden ...

Fähigkeit zur Kommunikation

Lager Humboldt

... allgemeine Bildung verbessert die Gesellschaft ...

Für Bildung ist die Naturwissenschaft nicht wichtig ...

CONTRA

Formaler Bildungsansatz

Im heutigen Schulunterricht gelten als Ansätze zur *natur-wissenschaftlichen Grundbildung* die Forderungen des PISA-Konsortiums.

Was fordert das PISA-Konsortium?

> *„...Fähigkeit, naturwissenschaftliches Wissen anzuwenden, naturwissenschaftliche Fragen zu erkennen und aus Belegen Schlussfolgerungen zu ziehen, um Entscheidungen zu verstehen und zu treffen, welche die natürliche Welt und die durch menschliches Handeln an ihr vorgenommenen Veränderungen betrifft."*

> *Deutsches PISA-Konsortium [Pis2000]*

Auch MARTIN WAGENSCHEINS[19] Äußerungen zu den Möglichkeiten der Bildung im Physikunterricht sollte in der Schulpraxis Berücksichtigung finden:

Sollten Grenzüberschreitungen gewagt werden?

> *„Sogar im Fachunterricht muss der Lehrer den physikalisch-technischen Aspekt verlassen können. Aber er muss wissen, dass er einen Aspekt verlässt, und muss es spüren lassen. Eben dadurch wird er ihn auch lehren. Ein bildender – nicht nur informierender – Physik- und Technikunterricht ist gar nicht möglich, wenn der Lehrer dieser – bewussten und betonten – Grenzüberschreitung nicht fähig ist. Sie ist eine Grenzachtung, im Gegensatz zu derjenigen Grenzüberschreitung, die bedenkenlos gar nicht merkt, dass da eine Grenze ist."*

> *M. Wagenschein [Wag1962, S.44]*

ERNST PETER FISCHER[20] definiert den naturwissenschaftlich gebildeten Menschen als jemanden, der über ausreichende Kenntnisse verfügt, sich verantwortungsvoll über wissenschaftliche Zusammenhänge zu äußern. Er kann begreiflich machen, warum die Frage nach der Verantwortung der Wissenschaft so aktuell und notwendig ist [vgl. Fis2002, S. 14]. Ein gebildeter Mensch soll laut FISCHER außerdem verstehen können, wie die Wissenschaft die Stellung des Menschen bestimmt und wissen, dass

Ist ein naturwissenschaftlicher Mensch verantwortungsbewusst?

---

[19] MARTIN WAGENSCHEIN 1896 – 1988 dt. Pädagoge und Fachdidaktiker der Mathematik und Naturwissenschaften
[20] ERNST PETER FISCHER 1947 – dt. Wissenschaftshistoriker

Wissenschaft in ihm steckt und zu seiner Lebenswelt gehört. Bildung muss in diesem Zusammenhang als nicht abgeschlossen betrachtet werden [vgl. Fis2002, S. 47]. Anwendungsorientiert wird in den meisten Lehrplänen der Bundesländer festgehalten, dass der Physikunterricht eine allgemeine Grundbildung der Sach-, Methoden-, Sozial- und Selbstkompetenz erreichen soll.

1.1.1 Expertenbefragung zur physikalischen Bildung

Ergebnisse einer Expertenbefragung zum Thema physikalische Bildung, die von HÄUßLER ET AL. von 1978 bis 1980 [HäuFreHof+1983] durchgeführt wurde, ergibt folgendes Bild:

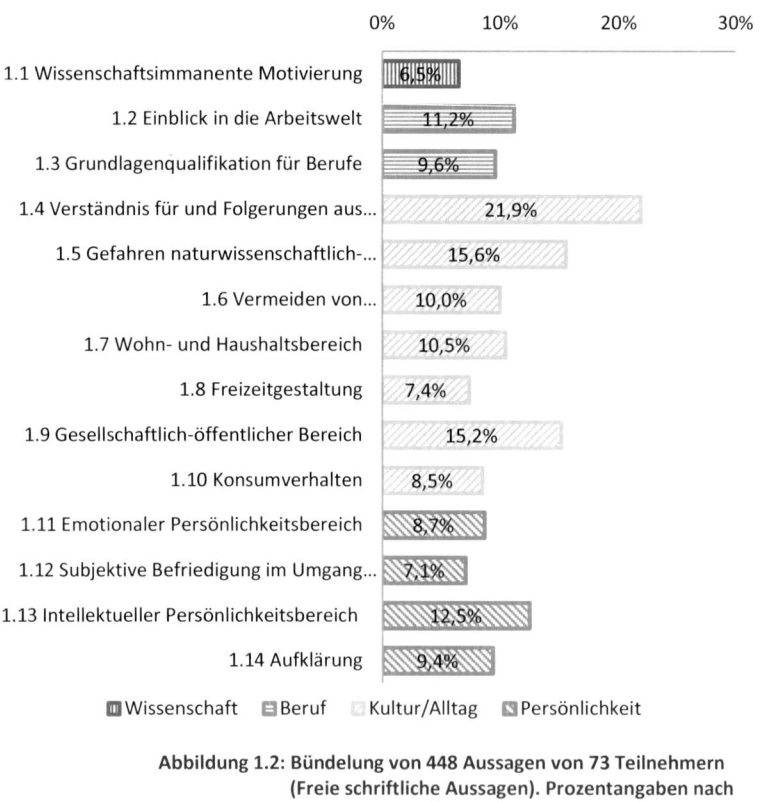

Abbildung 1.2: Bündelung von 448 Aussagen von 73 Teilnehmern (Freie schriftliche Aussagen). Prozentangaben nach zweiter Runde (Überarbeitung der in der ersten Runde gemachten Aussagen) erstellt nach [HäuFreHof+1983]

Die Aussagen 1.4, 1.5 und 1.9 ergeben:

Nach dem Verständnis der Befragten, soll physikalische Bildung in Verbindung mit kulturellen und gesellschaftlichen Entwicklungen einhergehen. Nach dieser Prämisse sollte die physikalische Bildung aufgebaut werden.

Neben dem kulturell-gesellschaftlichen Schwerpunkt ist die Persönlichkeitsentwicklung vor allem im intellektuellen Bereich (1.13) ein wichtiges Motiv, sich mit Physik zu beschäftigen.

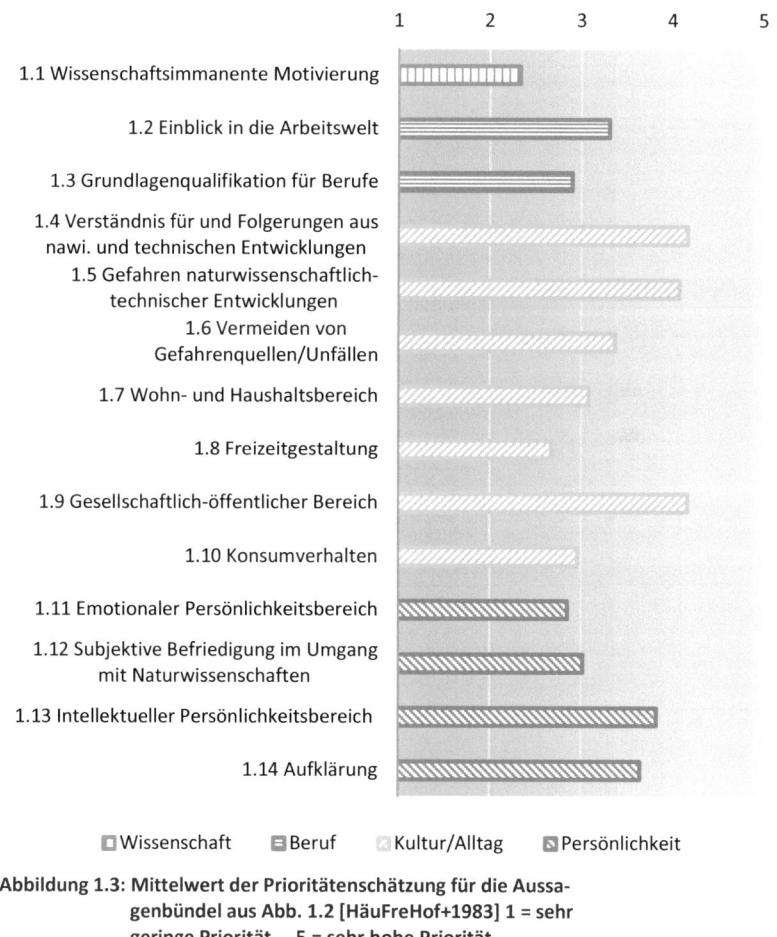

Abbildung 1.3: Mittelwert der Prioritätenschätzung für die Aussagenbündel aus Abb. 1.2 [HäuFreHof+1983] 1 = sehr geringe Priorität ... 5 = sehr hohe Priorität

Die Ergebnisse der Befragung lassen sich wahrscheinlich auf andere naturwissenschaftliche Fächer übertragen.

Die Prioritäten der Aussagen aus Abbildung 1.3 ergeben ein ähnliches Bild wie die Häufigkeitsnennung in Abbildung 1.2.

Aus einer durchgeführten Clusteranalyse ergaben sich zwei Gruppen, bei beiden herrschte ein Konsens in Bezug auf:

- Verständnis für und Folgerungen aus naturwissenschaftlich-technischen Entwicklungen (1.4)
- Gefahren naturwissenschaftlich-technischer Entwicklungen (1.5)
- Gesellschaftlich-öffentlicher Bereich (1.9)
- Aufklärung (1.14)

Doch unterscheiden sich die beiden Gruppen in anderen Schwerpunktbereichen. So ordnet die Hälfte der Befragten der intellektuellen und emotionalen Persönlichkeitsentwicklung (1.1, 1.11, 1.12, 1.13) stärker Bedeutung zu, was eher zum formalen Bildungsansatz passt (HUMBOLDT). Wohin die andere Hälfte der Teilnehmer den lebenspraktischen Nutzen physikalischer Bildung (1.6, 1.7, 1.10) einen hohen Stellenwert zuordnet, welches eher dem materialistischen Bildungsansatz entspricht (PESTALOZZI).

1.1.2 Argumente für einen naturwissenschaftlichen Unterricht.

Gibt es Argumente für den naturwissenschaftlichen Unterricht?

Heute ist der naturwissenschaftliche Unterricht in der Schule nicht mehr wegzudenken, dennoch sollte man Argumente haben, wieso er auch zur Bildung gehört und in größeren Zusammenhängen gedachte werden sollte.

Nach BLEICHROTH ET AL. [BleDahJun+1999, S. 38-44] gibt es vier Bereiche, in denen sich Argumente für einen naturwissenschaftlichen Unterricht einordnen lassen, wobei anthropologische und kulturelle Argumente eher dem Individuum, politische und ökonomische Argumente eher der Gesellschaft zuzuordnen sind (siehe folgende Abbildung). Sicherlich sind die besonderen Problemerfassungs- und Problemlösungsansätze der Naturwissenschaft ein wichtiges Argument für die Beschäftigung mit Naturwissenschaften.

Gemäß BLEICHROTH [Blc1969 aus Dah1994] kann der naturwissenschaftliche Unterricht für die Bewältigung der Welt behilflich sein:

- für die Deutung der Welt
- für die Handhabung der Welt
- für die rechte Einstellung zur Welt

Aus Sicht des formalen Bildungsgedankens lassen sich fast alle Argumente für einen naturwissenschaftlichen Unterricht widerlegen. Dies scheint aber nicht mehr so problematisch zu sein, da im Allgemeinen gesagt werden muss, dass der Bildungswert der Naturwissenschaften in der Gesellschaft und beim Individuum akzeptiert ist. Des Weiteren sollte man, auch wenn man davon überzeugt ist, dass z. B. Physik im eigentlichen Sinne nicht bildend ist, bedenken, dass gerade im formalen Bildungsansatz viel Wert auf das sogenannte „Stille Wissen" gelegt wird. Stilles Wissen bedeutet, dass das meiste Wissen, welches man besitzt, still ist, also nicht zum aktiven Wissensschatz gehört. Dennoch kann man diesem Wissen einen starken Einfluss auf das Individuum nachweisen.

Argumente für einen naturwissenschaftlichen Unterricht

kulturell

- Entwicklung der Persönlichkeit
- Rolle der Naturwissenschaften in der Moderne
- Rolle der Naturwissenschaften bei der Bildung eines Weltbildes
- Erklärbarkeit der Welt
- schöpferisches Element
- emanzipatorische Bedeutung der Naturwissenschaften
- Alltagserfahrungen erklären können
- eigene Herkunft verstehen

anthropologisch

- Bildung eines persönlichen Weltbildes
- Unwissenheit entgegenwirken
- Möglichkeiten erfahren
- Interesse entwickeln
- Fähigkeiten erlernen
- Wer es nicht kennt, der kann nicht beurteilen, ob er es mag oder nicht
- sich in der Welt behaupten können
- praktischen Nutzen im Leben
- Probleme lösen können (Problemlöseverfahren erlernen)
- beobachten lernen
- Dinge hinterfragen
- Ängste loswerden

politisch

- konkurenzfähig bleiben
- Chancengleichheit in der Gesellschaft und im Beruf
- mündiger Bürger
- Energiefrage verstehen
- naturwissenschaftlich bedingte Entscheidungen verstehen
- Mitsprache ermöglichen

ökonomisch

- Funktion der Technik sichern
- Rohstoff - naturwissenschaftliche Bildung
- positive Grundhaltung
- bringt technische Neuerungen
- Auswirkung auf Gesellschaft und Umwelt verstehen

1.2 Lehrplan vs. Bildungsstandards

In der deutschen Bildungspolitik kam es durch PISA (2000, 2003, 2006, 2009, 2012) und TIMSS (1995, 2007, 2011) zu fieberhaften Bemühungen den Unterricht, und damit die Schülerinnen- und Schülerleistungen, zu verbessern. Eine Änderung betrifft die schulischen Vorgaben. Sind in klassischen Lehrplänen eher die zu vermittelnden Inhalte aufgeführt, so sollen die Bildungsstandards eher die Ergebnisse auf Schülerinnen- und Schülerseite definieren, also das, was Schülerinnen und Schüler durch und nach dem Physikunterricht können soll(t)en.

Abbildung 1.4: Input und Output des Physikunterrichts sollen sich am Lehrplan bzw. den Bildungsstandards orientieren. Entwickelt aus [vgl. SchWie2007, S.5]

Die Bildungsstandards legen die für einen mittleren Abschluss (z. B. Realschule) nötigen Wissensbereiche, Fähigkeiten und Kompetenzen fest. Sie sind kein Kerncurriculum, sondern ermöglichen den Umbau für ein solches. Die weitere fachwissenschaftliche Ausgestaltung liegt in Händen der Bundesländer. Da sich die Länder verpflichtet haben die nationalen Bildungsstandards in ihre Lehrpläne aufzunehmen, sollen diese im Folgenden besonders betrachtet werden [Bil2004, S.3].

Was ist das Ziel der Bildungsstandards?

1.2.1 Kompetenzbereiche

In den Bildungsstandards sind vier wesentliche Bereiche enthalten:

Fachwissen	physikalische Phänomene, Begriffe, Prinzipien, Fakten, Gesetzmäßigkeiten kennen und Basiskonzepten zuordnen
Erkenntnisgewinnung	experimentelle und andere Untersuchungsmethoden sowie Modelle nutzen
Kommunikation	Informationen sach- und fachbezogen erschließen und austauschen
Bewertung	physikalische Sachverhalte in verschiedenen Kontexten erkennen und bewerten

Tabelle 1.2: Kompetenzbereiche im Fach Physik [Bil2004, S.7]

Neben dem physikalischen Fachwissen sind drei weitere Bereiche aufgestellt. Wobei betont werden muss, dass für alle drei Bereiche das Fachwissen wesentlicher Bestandteil ist.

Der Bereich Erkenntnisgewinnung teilt sich in fünf Punkte auf:

Wahrnehmen	beobachten und beschreiben eines Phänomens, Erkennen einer Problemstellung, vergegenwärtigen der Wissensbasis
Ordnen	zurückführen auf und einordnen in Bekanntes, Systematisieren
Erklären	modellieren von Realität, aufstellen von Hypothesen
Prüfen	experimentieren, auswerten, beurteilen, kritisches reflektieren von Hypothesen
Modelle bilden	idealisieren, beschreiben von Zusammenhängen, verallgemeinern, abstrahieren, Begriffe bilden, formalisieren, aufstellen einfacher Theorien, transferieren

Tabelle 1.3: Erkenntnisgewinnung [Bil2004, S.9]

Ebenfalls unterteilt wird der Bereich der Kommunikation:

Adressatengerecht & sachbezogen	wissen, wie man mit jemanden über etwas reden kann
Eigenständigkeit	über Kenntnisse und Techniken sich eine eigene Wissensbasis erarbeiten
Verständnis	von Fachtexten, Grafiken und Tabellen
Umgang	mit Informationsmedien
Dokumentation	von Wissen, welches aus Experimenten oder Recherchen gewonnen wurde
Sprache	Sprech- und Schreibfähigkeit sowohl in Alltags- als auch Fachsprache
Präsentation	mit modernen Techniken und Methoden
Diskussion	einbringen von eigenem Wissen, Ideen und Vorstellungen
Respekt	vor sich selbst und anderen

Tabelle 1.4: Kommunikation [vgl. Bil2004, S.10]

Abschließend wird auch der Bereich Bewertung in den Bildungsstandards unterteilt:

Benutzung	von physikalischen Denkmethoden und Erkenntnissen, um sie auf Probleme anzuwenden
Unterscheidung	zwischen physikalischen, gesellschaftlichen und politischen Bereichen
Differenzierung	nach physikalisch belegten, hypothetischen oder nicht naturwissenschaftlichen Aussagen
Grenzen	der naturwissenschaftlichen Sichtweisen

Tabelle 1.5: Bewertung [vgl. Bil2004, S.10]

1.2.2 Basiskonzepte

		In welche Teilberei-
Materie Körper können verschiedene Aggregatzustände annehmen. Diese können sich durch äußere Einwirkungen ändern. Körper bestehen aus Teilchen. Materie ist strukturiert.	**Beispiele** Form und Volumen von Körpern Teilchenmodell, Brownsche Bewegung, Atome, Moleküle, Kristalle	che wird die Physik in den Bildungsstandards eingeteilt?
Wechselwirkung Wenn Körper aufeinander einwirken, kann eine Verformung oder eine Änderung der Bewegungszustände der Körper auftreten. Körper können durch Felder aufeinander einwirken. Strahlung kann mit Materie wechselwirken, dabei können sich Strahlung und Materie verändern.	**Beispiele** Kraftwirkungen, Trägheitsgesetz, Wechselwirkungsgesetz, Impuls Kräfte zwischen Ladungen, Schwerkraft, Kräfte zwischen Magneten Reflexion, Brechung, Totalreflexion, Farben, Treibhauseffekt, globale Erwärmung, ionisierende Strahlung	
System Stabile Zustände sind Systeme im Gleichgewicht. Gestörte Gleichgewichte können Ströme und Schwingungen hervorrufen. Ströme benötigen einen Antrieb (Ursache) und können durch Widerstände in ihrer Stärke beeinflusst werden.	**Beispiele** Kräftegleichgewicht, Druckgleichgewicht, thermisches Gleichgewicht Druck-, Temperatur- bzw. Potenzialunterschiede und die verursachten Strömungen elektrischer Stromkreis, thermische Ströme	
Energie Nutzbare Energie kann aus erschöpfbaren und regenerativen Quellen gewonnen werden. Für den Transport und bei der Nutzung von Energie kann ein Wechsel der Energieform bzw. des Energieträgers stattfinden. Dabei kann nur ein Teil der eingesetzten Energie genutzt werden. Die Gesamtheit der Energien bleibt konstant. Bei Körpern unterschiedlicher Temperatur findet ein Energiefluss von alleine nur von höherer zu niedrigerer Temperatur statt.	**Beispiele** fossile Brennstoffe, Wind- und Sonnenenergie, Kernenergie Generator, Motor, Transformator, Wirkungsgrad, Entropie, Abwärme, Energieentwertung Pumpspeicherwerk, Akkumulator, Wärmepumpe (Kühlschrank) Wärmeleitung, Strahlung,	

Tabelle 1.6: Fachwissen [Bil2004, S.8]

Ist die Einteilung
sinnvoll?

Da das Fachwissen in andere Bereiche eingeteilt ist, als es eigentlich in der Physik üblich ist, soll es hier explizit aufgeführt werden. Die ansonsten üblichen Einteilungen sind Mechanik, Optik, E-Lehre und Thermodynamik (genauere Einteilung siehe Abschnitt 3.4). Die Idee der Basiskonzepte erscheint erst einmal sehr problematisch, da kein vorhandenes Lehrbuch so eingeteilt ist. Besser wäre es, anstelle von Basiskonzepten von Leitideen zu reden und sie als fundamentale Ideen der Physik zu bezeichnen. So kann das Basiskonzept **Energie** aus der Energieerhaltung abgeleitet werden. Vielleicht ist es auch möglich von „physikalischen Brillen" zu reden, unter denen man sich bestimmte Probleme und Aufgaben ansieht [vgl. SchWie2007 S.10].

1.2.3 Anforderungsbereiche

Die Anforderungsbereiche gliedern sich in drei Teile:

Wiedergabe	gelesene Texte, erlernte Sachverhalte in eigenen Worten wiedergeben
Anwendung	gelerntes Wissen und Fertigkeiten anwenden können
Transfer / Verknüpfen	gelerntes Wissen und Fertigkeiten auf andere (neue) Bereiche anwenden und übertragen können; Analogien schaffen

Tabelle 1.7: Anforderungsbereiche [vgl. Bil2004, S.8]

Zusammengefasst

Es muss darauf hingewiesen werden, dass dem Bereich Fachwissen ein höherer Stellenwert als den anderen drei Bereichen zugestanden wird, da sie ohne ausreichendes Fachwissen bedeutungslos sind. Dennoch gibt es nur in der Dimension der *Anforderungsbereiche* (*Wiedergabe*, *Anwendung*, *Transfer*) eine Wertigkeit.

Die folgende Grafik fasst die Bereiche zusammen:

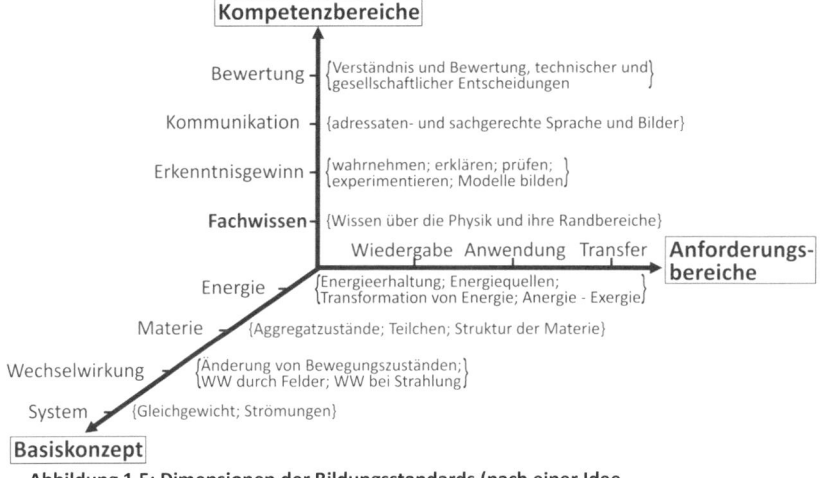

Abbildung 1.5: Dimensionen der Bildungsstandards (nach einer Idee von Schecker und Wiesner [SchWie2007])

Die Abbildung 1.6 stellte eine Kompetenzmatrix auf und versuchte darzustellen, was bei den Kreuzungspunkten erwartet wird. Der Anforderungsberiech I entspricht der Wiedergabe, II der Anwendung und III dem Transfer (Abb. 1.5).

Kompetenzbereiche				
		Fachwissen	Erkenntnis-gewinn	Kommunikation	Bewertung
Anforderungsbereiche	I	einfache Sach-verhalte wieder-geben	einfache Fach-methoden be-schreiben und nutzen	einfache Sach-verhalte in vor-gegebenen For-men darstellen	einfache Bezüge angeben
	II	Sachverhalte ei-nes abgegrenz-ten Gebietes ab-wenden	Fachmethoden anwenden	Kommunikati-ons-formen aus-wählen und ein-setzen	Einfache Bezüge herstellen
	III	Wissen prob-lembezogen er-arbeiten, ein-ordnen, nutzen	Fachmethoden problembezo-gen auswählen und anwenden	Kommunikati-ons-formen si-tuationsgerecht anwenden	Bezüge herstel-len und Sach-verhalte bewer-ten

Tabelle 1.8: Kompetenzmatrix (nach Bayer [Bay2009])

1.2.4 Österreich

In einer Novellierung des Schulunterrichtsgesetzes wurde im August 2008 die Grundlage für die Bildungsstandards in Österreich gelegt [BGBl. I Nr. 117/2008]. Offizielle verabschiedet wurden sie im Jänner 2009 [BGBl. II Nr. 1/2009]. Das Bundesinstitut BIFIE[21] ist für die Entwicklung, Implementierung und Überprüfung der Bildungsstandards in Österreich zuständig. Es wird ein Kompetenzmodell vorgeschlagen, welches ebenfalls drei Dimensionen aufweist. Die Dimensionen sind in Abbildung 1.6 dargestellt. Im Vergleich zu Deutschland fällt vor allem auf, dass nicht *Energie, Materie, Wechselwirkung* und *System* genommen wurde, sondern sich an die klassischen Benennungen der Bereiche (*Mechanik, Elektrizität & Magnetismus, Wärmelehre, Optik* und *Aufbau der Materie*) gehalten wurde.

Abbildung 1.6: Dimensionen der Bildungsstandards für Österreich (nach [BIFI2011])

1.2.5 Bildungsziele in der Schweiz

Die Schweiz spricht von Nationalen Bildungszielen, die sie 2011 verfasst [GfdN2011]. Die Ziele sind für die Naturwissenschaften insgesamt erstellt und splittet nicht zwischen der Biologie, Chemie und Physik auf.

---

[21] Bundesinstitut für Bildungsforschung, Innovation und Entwicklung des Bildungswesens

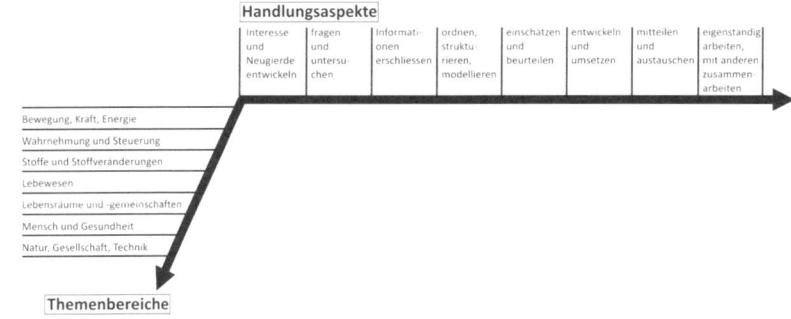

Abbildung 1.7: Nationale Bildungsziele für die Schweiz (nach [GfdN2011])

Über Anforderungsniveaus wird in der Grafik nicht eingegangen.

1.3 Zitate zur Bildung

Einen kleinen Einblick in die Gedanken verschiedener Autoren finden sich in nachfolgenden Zitaten:

Was sagen andere?

> *Hohe Bildung kann man dadurch beweisen, daß man die kompliziertesten Dinge auf einfache Art zu erläutern versteht.*
>
> GEORGE BERNARD SHAW

> *Natürlicher Verstand kann fast jeden Grad von Bildung ersetzen, aber keine Bildung den natürlichen Verstand.*
>
> ARTHUR SCHOPENHAUER

> *Niemand urteilt schärfer als der Ungebildete, er kennt weder Gründe noch Gegengründe.*
>
> ANSELM FEUERBACH

> *Bildung ist die Fähigkeit, fast alles anhören zu können, ohne die Ruhe zu verlieren oder das Selbstvertrauen.*
>
> ROBERT FROST

> *Der Gebildete treibt die Genauigkeit nicht weiter, als es der Natur der Sache entspricht.*
>
> ARISTOTELES

Fernsehen bildet. Immer, wenn der Fernseher an ist, gehe ich in ein anderes Zimmer und lese.

GROUCHO MARX

Bildung kommt von Bildschirm und nicht von Buch, sonst hieße es ja Buchung.

DIETER HILDEBRANDT

Bildung ist das was überbleibt, wenn man alles vergessen hat.

RAINER MÜLLER

1.4 Das Wagnis eines Resümees

Kann man Bildung zusammenfassen?

Im europäischen Kulturraum ist das Thema Bildung, deren Gelingen und deren Hindernisse bereits seit der Antike ein Dauerbrenner.

Im heutigen Bildungswesen wird zumeist die Meinung vertreten, dass das HUMBOLDTSCHE Bildungsideal mit seinen Forderungen nach einer Bildung für alle Menschen, und der daraus resultierenden Verbesserung des menschlichen Zusammenlebens, durch die Verknüpfung des Individuums mit seiner Welt erstrebenswert ist. Ergänzt wird dies durch die Begriffe der Emanzipation und der Befreiung aus Abhängigkeiten, die aus der Aufklärung stammen und von KLAFKI aufgenommen wurden. Bildung ist somit die Überwindung der Fremdbestimmung hin zu einer Selbstbestimmung auf der Grundlage des gesellschaftlichen Zusammenlebens und der Fähigkeit zum kritischen Denken. Bildung ist ein niemals abgeschlossener Prozess.

Oder mit den Worten von PETER BIERI[22]

Das ist ein untrügliches Kennzeichen von Bildung: dass einer Wissen nicht als blosse Ansammlung von Information, als vergnüglichen Zeitvertreib oder gesellschaftliches Dekor betrachtet, sondern als etwas, das innere Veränderung und Erweiterung bedeuten kann, die handlungswirksam ist.

P. BIERI [Bie2005, S. 4]

---

[22] PETER BIERI 1944 – schweizer Philosoph und Schriftsteller

Es bleibt aber festzuhalten, dass es nicht *die* eine Theorie der Bildung gibt, sondern, dass jede Theorie auf ihre Weise definiert, was Bildung ist. Abhängig von den jeweiligen historischen Kontexten, den Begründungs- und Deutungsmustern und der gesellschaftlichen Ausgangslage.

Gibt es eine Theorie der Bildung?

2 Die Natur der Naturwissenschaft

Was ist die Wissenschaft über die Natur?

„Was ist Naturwissenschaft überhaupt?" Diese Frage ist nicht so einfach zu beantworten, wie es auf den ersten Blick erscheinen mag. Praktisch beantwortet: *„Naturwissenschaft ist das, was Naturwissenschaftler tun."* Diese etwas einfache Antwort ist selbstverständlich richtig, aber verschiebt den Kern nur in eine andere Richtung, die verschobene Frage würde dann lauten: *„Und was machen Naturwissenschaftler?"*

2.1 Einführung

Wieso sollte man sich als Lehrerpersonal mit der Natur der Naturwissenschaft beschäftigen?

Sich im Rahmen der Didaktik mit der Natur der Naturwissenschaft zu beschäftigen hat zweierlei Gründe: Zum einen ist es wichtig, dass man sich über den (meta)theoretischen Inhalt der Physik Gedanken macht, zum anderen wird es in den Kerncurricula gefordert:

Ziel naturwissenschaftlicher Grundbildung ist es, Phänomene erfahrbar zu machen, die Sprache und Historie der Naturwissenschaften zu verstehen, ihre Ergebnisse zu kommunizieren sowie sich mit ihren spezifischen Methoden der Erkenntnisgewinnung und deren Grenzen auseinanderzusetzen. Dazu gehört das naturwissenschaftliche Arbeiten, das eine analytische und rationale Betrachtung der Welt ermöglicht. Damit muss der naturwissenschaftliche Unterricht alle Fähigkeiten, die als Scientific Literacy zusammengefasst werden, vermitteln: „Naturwissenschaftliche Grundbildung (Scientific Literacy) ist die Fähigkeit, naturwissenschaftliches Wissen anzuwenden, naturwissenschaftliche Fragen zu erkennen und aus Belegen Schlussfolgerungen zu ziehen, um Entscheidungen zu verstehen und zu treffen, welche die natürliche Welt und die durch menschliches Handeln an ihr vorgenommenen Veränderungen betreffen." (OECD, 1999)

[Kern2007]

Es scheint sinnvoll eine Legitimation für die Länge, mit dem das Thema behandelt wird, voranzustellen. In der Schule und Universität wird zwar viel von der Natur der Naturwissenschaft gesprochen, aber nur sehr wenig auf das nötige Fachwissen eingegangen. Damit man ein Grundverständnis bekommt und mitdiskutieren kann, werden im Folgenden die Grundlagen intensiver behandelt. Die Grundlage der hier dargestellten Natur der Naturwissenschaft bezieht sich auf den Text von J. GÜNTHER [Gün2006].

Warum ist eine Beschäftigung mit der Natur der Naturwissenschaften wichtig?

Eine theoretische Annäherung an dieses Gebiet ist vielleicht von folgender Richtung aus möglich: Aus philosophischer Sicht kann das Wissenschaftsverständnis in drei Bereiche eingeteilt werden [KirDit2004]:

wissenschaftstheoretischer Bereich	erkenntnistheoretischer Bereich	wissenschaftsethischer Bereich
• Was sind Naturwissenschaften?	• Was ist die Wahrheit der Naturwissenschaften?	• Wie viel Naturwissenschaft braucht die Menschheit?

Tabelle 2.1: Drei Bereiche von Wissenschaftsverständnis [GryGünKir2004, S. 1]

Diese Fragen können von unterschiedlichen Disziplinen beantwortet werden, die sich mit der Arbeitsweise, der Charakterisierung und der Erkenntnisgewinnung der Naturwissenschaften beschäftigt. Zu nennen sind hier: Wissenschaftssoziologie, -psychologie, -geschichte und -philosophie. Eine grafische Darstellung dieser vier Gebiete und der drei Bereiche finden sie in Abbildung 2.1.

Welche Bereiche sind wichtig?

1. Der **wissenschaftstheoretische Bereich** analysiert und reflektiert sowohl die verwendeten Begriffe, wie etwa *Abbildung, Model, Experiment, Methode, Theorie* usw., als auch die in der Naturwissenschaft benutzten Methoden. Da hier die Grenze der einzelnen Bereiche und die Abgrenzung zur Geisteswissenschaft stattfindet, aber auch die Grenze zur Religion und Parawissenschaft gezogen wird, sind erkenntnistheoretische

Aspekte von Bedeutung. Die meisten Ansichten der Naturwissenschaftler über Naturwissenschaft, wie etwa BOHR, EINSTEIN, HEISENBERG oder FEYNMAN, können in diesem Bereich eingeordnet werden. Die Geschichte der Wissenschaft bildet einen wichtigen Bestandteil des wissenschaftlichen Aspektes, da hier die Entwicklung sowohl der Wissenschaft, als auch der Wissenschaft über die Wissenschaft stattfindet.

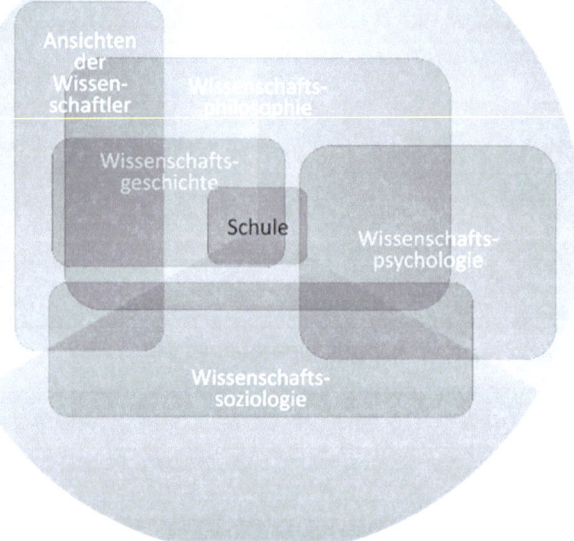

wissenschafts-
theoretischer
Bereich

erkenntnis-
theoretischer
Bereich

Ansichten der Wissenschaftler

Wissenschaftsphilosophie

Wissenschaftsgeschichte

Schule

Wissenschaftspsychologie

Wissenschaftssoziologie

wissenschafts**ethischer**
Bereich

**Abbildung 2.1: Die Natur der Naturwissenschaft
(Idee nach [Gün2006])**

2. Der **erkenntnistheoretische Bereich** behandelt vor allem *soziologische, psychologische* und *philosophische* Fragestellungen. Die *Soziologie* beschäftigt sich in diesem Bereich mit der Konsensbildung der wissenschaftlichen Gemeinschaft. Mit

dem menschlichen Verstand (eng.: mind) und seinen Fähigkeiten beschäftigt sich die *Psychologie* (eng.: theorie of mind). Die *Philosophie* steckt den Erkenntnisraum ab und beschäftigt sich mit der Existenz und Erkennbarkeit einer „wahren" Realität, die wir mit unseren Sinnen wahrnehmen. Wie diese zu interpretieren ist und wie der Wahrnehmungsprozess stattfindet ist ein Teilbereich der Erkenntnistheorie. Einer der entscheidenden Aspekte ist hierbei die Zuverlässigkeit von naturwissenschaftlichem Wissen.

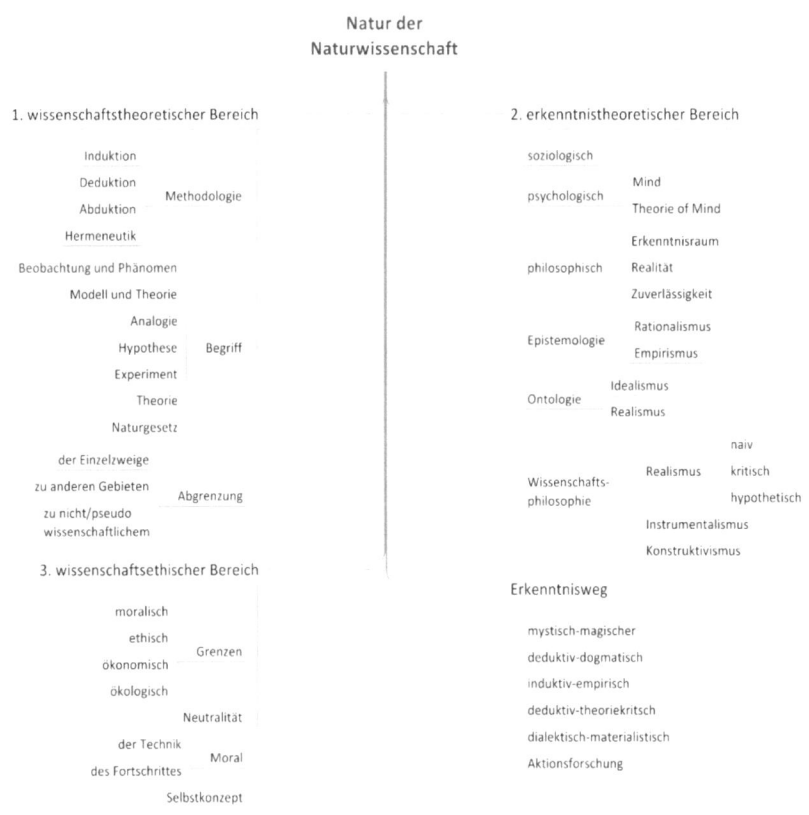

Abbildung 2.2: Mindmap zur Natur der Naturwissenschaften

3. Der **wissenschaftsethische Bereich** beleuchtet Überlegungen nach der *Neutralität* von Erkenntnissen und ihrer Allgemeingültigkeit. Die *Moralität* der Technik und des Fortschritts, der entscheidend durch (natur-)wissenschaftliche Einblicke vorangetrieben wird, ist gerade in der heutigen Zeit wichtig, wo es um Fragen wie Energie, Computertechnologie, Biochemie, Genetik, (virtuelle) Realität und Medizin geht. Im wissenschaftsethischen Bereich wird auch das *moderne Selbstkonzept* des Menschen betrachtet, welches auf einem (natur)wissenschaftlichen - und nicht mehr auf einem religiösen Fundament aufgebaut ist. Hier wird die Frage der moralisch/ethischen *Grenzen* von Naturwissenschaft behandelt, die zusätzlich ökonomische und ökologische Sichtweisen mit einbezieht.

Gibt es einen geschichtlichen Bezug?

Um die Entwicklung der Wissenschaften besser verstehen zu können, scheint es ratsam sich mit den **Erkenntniswegen** zu beschäftigen (siehe Abb. 2.2 rechts unten). Die Darstellung der Wege der Erkenntnis hat einen zeitlichen und gesellschaftlichen Bezug. Sie sind im Anhang zu finden.

2.2 Wissenschaftstheoretische Aspekte

Wonach fragt die Wissenschaftstheorie?

Die Frage nach dem *Wie* in der Wissenschaft wird im wissenschaftstheoretischen Bereich beleuchtet. Hier geht es um die Methodologie der Wissenschaften und die Abgrenzung von nichtwissenschaftlichen Herangehensweisen. Neben der Beschäftigung mit der Methodik versucht die Wis-

senschaftstheorie Begriffsdefinitionen, wie zum Beispiel für „Modelle" zu geben und zu reflektieren. Es bildet also die Metaebene der Wissenschaft.

Wissenschaftliche Methodologie

Unter Methodologien (gr. METODOLOGÍA „Lehre von der Vorgehensweise") kann man Regelwerke verstehen, unter denen Forscher (theoretisch) von vorhandenem zu neuem Wissen gelangen könnten[23]. Es wird sowohl auf Grundbegriffe eingegangen, als auch auf Methodiken der Forschung.

Was sind Methodologien?

Induktion

Die Induktion (lat. INDUCERE – herbeiführen, veranlassen) ist eine der ersten neuzeitlichen wissenschaftlichen Methoden. Dabei wird durch das Sammeln von Einzel-Daten über den induktiven Schluss auf allgemeine Gesetzmäßigkeiten geschlossen[24]. Das von *einigen Fällen* abgeleitete Gesetz soll dann für *alle* (unendlich viele) Fälle gelten. Dies stellt eine Möglichkeit dar neue Erkenntnisse zu finden.

Was ist eine induktive Vorgehensweise?

Dass der induktive Schluss nicht immer zu einer wahren Erkenntnis führt, erkannte schon DAVID HUME[25] [Hum-1748], denn die induktiv abgeleiteten Gesetze können widerlegt werden, wenn sie nicht die richtige, sondern nur eine scheinbar richtige Begründung liefern. Dies bedeutet, dass der induktive Schluss nicht deterministische Gültigkeit für alle Fälle aufweist, sondern im engeren Sinne nur für die Fälle, die untersucht wurden, da jeder andere schon eine Widerlegung darstellen könnte. Um allgemein-

Wo liegen die Probleme der Induktion?

---

[23] Eine vage Formulierung ist hier sinnvoll, da es nicht darum geht, eine richtige Systematik vorzuschreiben oder anzunehmen, sondern bestehende Forschungsarten zu beschreiben. Es ist also kein „muss", sondern ein „könnte", denn Forschung muss frei [Gru1949, Art. 5 Abs. 3] und kreativ sein, da sie sonst nicht auf Neues stoßen kann, sondern nur Altes bestätigt. Grundgesetz Art. 5 [Meinungs-, Informations-, Pressefreiheit; Kunst und Wissenschaft] (3) Kunst und Wissenschaft, Forschung und Lehre sind frei. Die Freiheit der Lehre entbindet nicht von der Treue zur Verfassung. [Gru1949]

[24] Ich bin sterblich. Du bist sterblich. Ihr seid sterblich. Wir sind sterblich. => Alle Menschen sind sterblich.

[25] DAVID HUME 1711 – 1776 schottischer Philosoph, Historiker und Ökonom der Aufklärung

gültigen Charakter zu bekommen, müsste die Gesetzmäßigkeit für alle Fälle belegt werden[26]. Schon HUME versuchte einen Ausweg zu suchen, den er in dem Übergang von deterministischer in wahrscheinliche Gültigkeit einer Aussage sieht. Das induktiv Geschlossene wird selbst zur Hypothese, dessen Wahrheitswahrscheinlichkeit mit jedem weiteren bestätigten Fall größer wird. In der Physik wird die Induktion vor allem beim Fitten von Messdaten angewendet. Aus einigen Messpunkten wird durch Überlagerung einer mathematischen Funktion die Einzelaussagen in eine Allaussage überführt. Eigentlich müssten unendlich viele Messpunkte aufgenommen werden, um wirklich allgemeingültigen Charakter zu bekommen, doch muss aufgrund von Aufwand und Unmöglichkeit darauf verzichtet werden.

Wie muss die induktive Methode heute betrachtet werden?

Die induktive Methode führt zwar zu allgemeingültigen Gesetzen, muss aber aus heutiger kritisch-reflektierter Sicht vorsichtig betrachtet werden. Der **un**kritische Umgang mit der induktiven Methode (1, 2, 3, alle) ist ein typisch menschlicher Schluss, der auch in der Psychologie kritisch betrachtet wird [Mye2005, S.45]. Besonders in Schulbüchern wird der induktiven Methode Idealcharakter gegeben und sie wird als *die* Methode der naturwissenschaftlichen Erkenntnisgewinnung dargestellt. Die häufige Benutzung kommt durch die Zeitersparnis gegenüber der Deduktion zustande. Es ist aber nötig, induktive Schlüsse kritisch zu betrachten, denn es passiert nicht selten, dass sie falsch gedeutet werden und diese falsche Deutung dann meist verallgemeinert wird. Der induktive Schluss ist einer naiv-realistischen Sichtweise zugänglich, die im späteren Abschnitt 2.3.2 genauer beleuchtet wird.

Die Messung bei Versuchen ist eine der wesentlichen Arbeiten der Experimentalphysik. Aus diesen Einzeldaten

---

[26] Bei der vollständigen mathematischen Induktion gilt dies nicht, da sie auf einem reinen Geisteskonstrukt aufgebaut ist. Es kann in ihr durch die mathematische Logik von n auf n+1 geschlossen werden, was ermöglicht auch, auf n=∞ zu schließen. Wobei ergänzend anzumerken ist, dass die vollständige Induktion in der Mathematik nicht als Beweis ersten Grades gilt.

wird dann auf eine allgemeine Aussage oder Formel geschlossen. Sie verfährt somit induktiv (siehe Kapitel 5).

Deduktion

Bei der Deduktion (lat. DEDUCERE – herabführen, ableiten) wird von allgemeingültigen Voraussetzungen (Prämissen) auf das Spezielle geschlossen (Konklusion)[27]. Sie verhält sich somit umgekehrt zur Induktion. Die allgemeingültigen Prämissen sind hier nicht-anzweifelbare, axiomatische Grundsätze. Im Rationalismus sind solche Grundsätze A PRIORI[28] vorhanden.

Was ist ein deduktives Vorgehen?

Da es in den Naturwissenschaften keine axiomatischen, unanzweifelbare Grundsätze geben sollte, muss die Deduktion zur hypothetisch-deduktiven Methode erweitert werden, in der auch hypothetische Annahmen zulässig sind. So kann durch allgemeine Überlegungen auf neue, zu prüfende Aussagen geschlossen werden, die bei Bestätigung zu *vorläufigen* naturwissenschaftlichen Aussagen werden.

Nach HUME geht die Konklusion nicht über die Prämissen hinaus und ist somit nicht wissensvermehrend. Durch das Prinzip der Falsifizierung versucht K. POPPER [Pop1976] das Problem der fehlenden Gehaltsvermehrung zu lösen. Die Falsifikation widerlegt hier hypothetische Aussagen, die so als nicht wahr erkannt werden können; aus dem *„Es könnte so sein"* wird ein *„So ist es nicht".*

Wo liegen die Probleme der Deduktion?

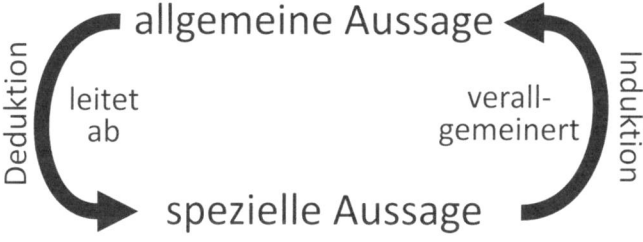

Abbildung 2.3: Induktion und Deduktion

---

[27] Alle Menschen sind sterblich. CICERO ist ein Mensch. => CICERO ist sterblich.

[28] DESCARTES: von der Erfahrung unabhängig; PLATO: vorab ewig existierende Ideen

In der theoretischen Physik wird meist von allgemeingültigen Formeln (Aussagen) auf spezielle Fälle geschlossen, somit kann man von einem eher deduktiv geprägten vorgehen sprechen (siehe Kapitel 5). Achtung dies ist eine sehr grobe Annahme und entspricht dem aktuellen Verhältnis von Experimental und theoretischer Physik nicht mehr.

Abduktion

Was ist abduktives Vorgehen?

Die Abduktion (lat. ABDUCTIO – Wegführung) schließt neben der wissenschaftlichen Logik ein kreatives Moment mit ein. Beobachtungen werden einer bestimmten Regel zugeordnet. Diese Zuordnung muss nicht zwingend logisch sein. Es werden Beobachtungen von Phänomenen mit anderen bekannten Phänomenen und Theorien verglichen und diese dann zugeordnet. Beispielsweise die Anziehung und Abstoßung bei magnetischen Körpern auf den gleichen Mechanismus zurückzuführen, ohne die elektromagnetischen Kräfte zu kennen. Es geht hierbei um die Zuordnungen unbekannter Phänomene in bekannte Klassen, die als plausibel oder wahrscheinlich gelten. Die Abduktion liefert neue Vermutungen, die aber vom Vorwissen abhängig sind und bietet Grundlagen für zu prüfende Hypothesen. Einige Aussagen, die durch Abduktion gewonnen wurden, scheinen ziemlich gelungen, da sie vielen Merkmalen genügen.

Induktion		Deduktion		Abduktion	
Fall	Alle Gegenstände haben eine Masse.	Regel	Alle Gegenstände fallen auf den Boden.	Regel	Alle Gegenstände fallen auf den Boden.
Ergebnis	Alle Massen ziehen sich gegenseitig an.	Fall	Alle Gegenstände haben eine Masse.	Ergebnis	Alle Massen ziehen sich gegenseitig an.
Regel	Alle Gegenstände fallen auf den Boden.	Ergebnis	Alle Massen ziehen sich gegenseitig an.	Fall	Alle Gegenstände haben eine Masse.

Tabelle 2.2: Induktion, Deduktion und Abduktion

Hermeneutik

Im engeren Sinne gehören Hermeneutik (gr. HERMĒNEU-EIN „übersetzen, erläutern, auslegen") und theoriefreie Forschung nicht zur naturwissenschaftlichen Methodologie. Sie spielen in den Geisteswissenschaften eine Rolle und sind in der geschichtlichen Betrachtung der Naturwissenschaft wichtig.

Bei der Hermeneutik wird von einer holistischen (ganzheitlichen) Betrachtung des zu untersuchenden Objektes ausgegangen. Der Betrachter und das zu Betrachtende stehen in einem Wechselspiel zueinander. Es bildet sich ein sogenannter hermeneutischer Zirkel. Der Forscher untersucht und bewertet, unter Einbeziehung seines Wissens, das Objekt ganzheitlich, welches er aber nur verstehen kann, wenn er dessen Teile versteht, die er wiederum nur verstehen kann, wenn er das Ganze versteht. Er tastet sich durch Interpretation, Reflexion, Interpretation etc., langsam an den Kern des Objektes heran[29].

> *Was ist der hermeneutische Zirkel?*

Abbildung 2.4: Wechselwirkung in einem hermeneutischen Zirkel

Ähnlich wie bei einem Puzzle, in dem man sowohl das Gesamtbild als auch die einzelnen Puzzleteile kennen und untersuchen muss, damit sich ein Bild ergibt.

Nach HÖTTECKE [Höt2001] ist es zur Vermittlung eines adäquaten Wissensverständnisses notwendig, eine historisch-hermeneutische Betrachtung der Physikerkenntnis

---

[29] Es ist dabei zu beachten, dass man hierbei nicht einem Ringschluss unterliegt.

und -geschichte mit einzubeziehen, da naturwissenschaftliche Erkenntnisse auch in ihrem geschichtlichen Rahmen interpretiert werden müssen[30].

Wichtig beim hermeneutischen Denken ist, dass man nicht dem Münchhausen-Trilemma[31] unterliegt, welches sich in einem Zirkelschluss oder einem infiniten Regress äußert.

Theoriefreie Forschung

Kann man ohne Theorie forschen?

Die theoriefreie Forschung wurde von den Sozialwissenschaften geformt. Da unsere Wahrnehmungen und Interpretationen von unseren Vorstellungen [Sch2008] geprägt werden, wird in der theoriefreien Forschung versucht, sich möglichst nur auf das Beobacht- und Messbare zu konzentrieren, ohne eine Theoriebildung voranzustellen, damit im Beobachteten nicht nur das gesehen wird, was die Theorie voraussagt.

Es gibt kein Geschehnis in der Natur, das von den Theoretikern jemals vollkommen verstanden werden kann.

GALILEO GALILEI

Para- und Pseudowissenschaft

Unter Parawissenschaften (gr. PARA „neben, darüber hinaus") werden sowohl Pseudowissenschaften, als auch alternative Erkenntnisse gefasst. Der Begriff Pseudowissenschaften (gr. PSÉUDŌ „ich täusche vor") steht für Behauptungen, Lehren, Theorien, Praktiken und Institutionen, die beanspruchen, (scheinbar) wissenschaftlich bzw. wahr zu sein, ohne dass sie die Herangehensweisen der Wissenschaften benutzen. Insbesondere auf die Überprüfbarkeit wird kein Wert gelegt.

In der folgenden Abbildung sind unteranderem diverse Religionen genannt, dies erschließt sich aus dem Grund,

---

[30] Siehe hierzu *Kulturgeschichte der Physik* von KAROL SIMONYI [Sim1989], ein sehr umfangreiches Werk zur Geschichte der Physik.

[31] Baron Münchhausen zieht sich am eigenen Schopf aus dem Sumpf.

dass dort häufig Schöpfungsmythen und Vorstellungen vertreten werden, die wissenschaftlich nicht haltbar sind.

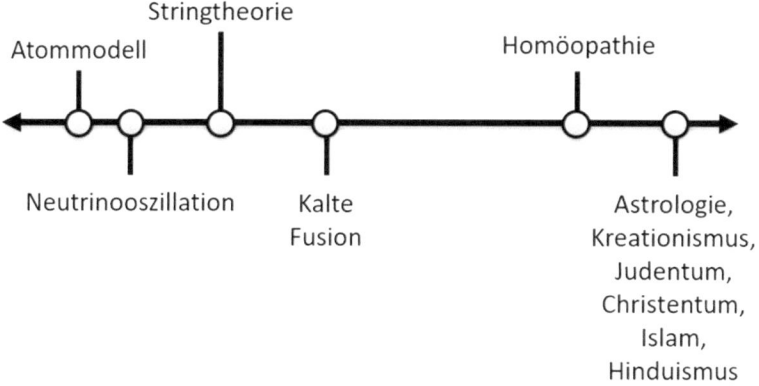

Abbildung 2.5: Kontinuum zwischen Wissenschaft und Pseudowissenschaft, nach einer Idee von SOKAL [Sok2005]

Von FEYNMAN[32] [Fey1974] wurde der Begriff der *Cardo-Kult-Wissenschaft* geprägt und bezeichnet mangelnde wissenschaftliche Integrität. Zum Beispiel beinhalte es das unkritische Zitieren von fremden Forschungsergebnissen und ihrer ungeprüften Voraussetzung der Korrektheit.

Ausprobieren

Meist wird so getan, als ob Wissenschaftlerinnen und Wissenschaftler immer überlegt handeln und alles, was sie tun, einer strikten Planung unterliegt. Doch lassen sich in der Geschichte viele Beispiele finden, wo einfach ausprobiert wurde. Gerade in der Chemie und in der Materialwissenschaft sind dies gebräuchliche Praktiken.

2.2.1 Begriffe in der wissenschaftlichen Methodik

Begriffsdefinitionen und -erklärungen sind eine elementare Vorgehensweise in der Philosophie und sollen auch hier nicht zu kurz kommen. Das Besondere an der europäischen Kultur ist, dass es in ihr möglich ist, Begriffe neu

Sind Definitionen festgelegt?

---

[32] RICHARD PHILLIPS FEYNMAN 1918 – 1988 amerikanischer Physiker.

zu definieren, dies grenzt sie von anderen Kulturen ab, in denen Begriffe unverhandelbar sind [Schei2006].

Phänomen

Sind alle Phänomene beobachtbar?

In der Realität beobachtet man ein Phänomen (gr. FAINÓMENON – Erscheinung), welches bewusst als Ereignis bzw. Eigenschaft wahrgenommen werden kann. Phänomene sind somit wahrnehmbare Gegebenheiten der Welt. Sie stellen die Grundlagen der naturwissenschaftlichen Denkweise über die Welt dar. Eine Beobachtung kann zufällig oder gewollt erfolgen.

Beobachtung

Lassen sich die Möglichkeiten der Beobachtung erweitern?

Eine weiterführende, intensivere Beobachtung erfolgt über einen Messprozess. Dadurch kann die Beobachtung sogar rein durch das Messgerät erfolgen, welches dann ähnlich eines Wandlers, von für den Menschen unbeobachtbaren Objekten (z. B. Bakterien aus dem Mikrokosmos oder Sterne durch ein Fernrohr), in den für Menschen beobachtbaren menschlichen Mesokosmos transportiert (in unserem Beispiel: Vergrößerung durch ein Mikroskop)[33]. Von einer *Entdeckung* kann gesprochen werden, wenn das beobachtbare Phänomen nicht erwartet wurde, es sich somit um ein neues/unbekanntes Phänomen handelt.

Wie geht man mit einmaligen Phänomenen um?

Selbstverständlich stellt die Reproduzierbarkeit eines der wichtigsten Kriterien für wissenschaftlich interessante Phänomene dar, die jedoch nicht immer gegeben ist. Daraus folgt aber nicht zwangsläufig, dass derartige Einzelphänomene wissenschaftlich nicht untersucht werden können. Für einzigartige Ereignisse lässt sich ein Kriterium finden: das der (möglichst vielen) unabhängigen Beobachter. Dies wird z. B. in der Astronomie wichtig.

---

[33] Eine schöne Darstellung von Mikro-, Meso- und Makrokosmos findet sich in einer Flashanimation [Hua-Hua2012].

Analogie

Das Bindeglied zwischen Objekt (O) zu Modell (M) und Modell zu Subjekt (S) {O zu M und M zu S} stellt die Analogie (gr. ANALOGIA – Verhältnis, Entsprechung, Ähnlichkeit) dar. Analogie ist die Übereinstimmung in einigen, aber nicht in allen Merkmalen.

Was stellte eine Analogie dar?

Diese Verhältnismäßigkeit ist problematisch, da Ähnlichkeiten nicht von einer Gegebenheit auf eine andere übertragbar sind, was bedeutet, dass aus **a** ähnlich **b** und **b** ähnlich **c** folgt, nicht **a** ähnlich **c** $\{a \approx b, b \approx c \neq> a \approx c\}$. Im naiven Realismus wird diese Objektivität angenommen, sie ist aber nicht haltbar. In einer mathematischen Beschreibung würde dies in etwa wie bei BUNGE [Bun1973, S. 114] lauten:

Wo liegen die Probleme der Analogie?

> *Analogien zwischen O und M sind homomorph; symmetrisch und reflexiv, aber nicht transitiv noch intransitiv.*

Was so viel heißt, dass Analogien zwar gleichförmig, ebenmäßig und rückbezüglich, aber eben nicht ähnlich noch unähnlich zu anderen sind.

Die Ähnlichkeitsfindung ist daher eher ein kreativer Akt. Sie bedarf später der Überprüfung, um haltbar zu sein.

Für das Verständnis eines Modells ist die Analogie sehr gebräuchlich, da sie anschauliche Vergleiche bieten kann. Von DUIT und GLYNN [DuiGly1992] wurden sie *„Brücken für das Verständnis"* genannt und haben damit eine wichtige Aufgabe bei der Vermittlung von Wissen. Sehr bekannt sind das Wasser- zu Stromkreislauf und das THOMSONsche Rosinenkuchenmodell für die Verteilung von Elektronen im Atom.

Hypothese

Eine nicht belegte Aussage über eine Gegebenheit wird Hypothese (gr. HYPÓTHESIS – Grundlage, Unterstellung, Voraussetzung) genannt. Durch eine (empirische) Überprüfung kann die Gültigkeit be- oder widerlegt werden.

Was ist eine Hypothese?

Hierbei ist die Belegung nur im abgesteckten Gültigkeitsbereich gezeigt und kann später noch widerlegt werden. Nach McComas [McC1998, S. 56] kann der Begriff drei Bereichen zugeordnet werden:

1. Wird ein mögliches Modell oder eine Theorie für wahr angenommen, so spricht man von einer **erklärenden Hypothese**. Aus dieser Annahme werden deduktiv Schlüsse abgeleitet, welche sich überprüfen lassen. Eine Theorie ist ein Beispiel für solch eine erklärende Hypothese und zeigt ihre Vorläufigkeit, da sie nicht direkt überprüft wird.

2. Das Ergebnis eines induktiven Schlusses wird **generalisierende Hypothese** genannt. Wird sie durch reproduzierbare Experimente bestätigt, kann aus ihr ein *Naturgesetz* werden.

3. Eine Prognose, die deduktiv aus einem Modell oder einer Theorie gebildet wurde, kann als **voraussagende Hypothese** (Prädiktion) bezeichnet werden. Physikalische Formeln haben oft diesen voraussagenden Charakter.

Frage

Was macht eine wissenschaftliche Frage aus?

Meist werden in den Naturwissenschaften keine Hypothesen aufgestellt, sondern eine Forschungsfrage bearbeitet. Wenn es um eine starke theoriegeleitete Forschung geht, die zum Zweck der Überprüfung einer Theorie durchgeführt wird, dann stellen die vorher aufgestellten Hypothesen die zu untersuchenden Aussagen dar. Doch neue Entdeckungen werden oft zufällig oder über eine Fragestellung gefunden. G. Vollmer betont, dass gute Fragen stellen zu können ebenso, wenn nicht sogar wichtiger ist, als gute Antworten geben zu können.

Versuch oder Experiment

Welche Bedeutung hat das Experiment?

Das Experiment (lat. EXPERIMENTUM – Probe, Versuch, Prüfung) ist in der Wissenschaft ein reproduzierbares Bewirken eines zu untersuchenden Phänomens, dabei kann dies mittels (qualitativer) Beobachtung oder (quantitativen) Messens geschehen. In der üblichen Vorgehensweise der theoretischen Wissenschaftssystematik wird ein Experiment gezielt auf eine zu testende Hypothese entwickelt und angewendet. Die richtige Vorgehensweise beim Experimentieren ist entscheidend. So sollten am Anfang die einzelnen Bedingungen (Faktoren und Variablen) ermittelt und isoliert werden, damit sie kontrolliert und einzelnen variiert werden können. Sonst können Scheinzusammenhänge entstehen, die ein Ergebnis liefern, aber nicht die Einzelfaktoren berücksichtigen. Zu berücksichtigende Vorgehen beim Experimentieren sind:

- mögliche Faktoren ermitteln
- jede Variable isolieren
- jede Variable einzeln variieren

Dieses theoretische Vorgehen ist manchmal nicht möglich, darum kann es auch vorkommen, dass mehrere Variablen gleichzeitig variiert werden, diese müssen aber linear unabhängig voneinander sein, dürfen sich also nicht gegenseitig beeinflussen. Nach Messung aller Daten werden sie interpretiert und in Bezug auf die zu untersuchende Theorie geprüft. Die rational gezogenen Schlussfolgerungen und nicht die empirisch gefundenen experimentellen Daten bewirken dann die Bestätigung (Verifikation) oder Widerlegung (Falsifikation) einer Theorie.

Wie wird eine Theorie experimentell bestätigt bzw. widerlegt?

KIRCHER [Kir1995] beschreibt das Experiment als Bindeglied zwischen Realität und Theorie. Im hypothetischen Realismus besteht keine Möglichkeit von der Hypothese auf die Realität zu schließen, da es nicht möglich ist, direkte Erkenntnisse über die Realität zu erhalten. Dies wird über das Experiment möglich, das wiederum Daten der Realität liefert, die dann interpretativ auf die Theorie angewendet werden können.

Gibt es ein Bindeglied zwischen Realität und Theorie?

Auf die Diskussion, ob in der Schule überhaupt von Experimenten gesprochen werden darf, soll hier nicht eingegangen werden. Nach BLEICHROTH et al. 1991 [BleDah-Jun+1991] sollte man im Unterricht eher den Begriff Versuch nutzen um ihn vom naturwissenschaftlichen Experiment zu trennen. Wie man dies sieht, stellt eine persönliche Entscheidung dar.

Kann man in der Schule von Experimenten reden?

Ein sehr guter Artikel über die Vorstellungen zum Experimentieren findet sich bei HÖTTECKE und RIEß [Höt-Rie2015].

Modell

Der Modell- bzw. Theoriebegriff ist in vielen Bereichen fließend, da eine Theorie in einem Strukturmodell dargestellt werden kann und ein Modell meist einen hypothetisch-theoretischen Gesichtspunkt aufweist. Dennoch soll im Folgenden versucht werden, beides voneinander abzugrenzen.

Gibt es Ähnlichkeiten zwischen Modell und Theorie?

Der Begriff des Modells kann als fundamentales Element der wissenschaftlichen Erkenntnisdarstellung angesehen werden. Das Wissen eines (Natur-)Wissenschaftlers und seine Vorstellungen bestehen weitgehend aus Modellen. STACHOWIAK [Sta1973, S.56] sagt hierzu:

Was ist die Grundlage der Erkenntnis?

> *Hiernach ist alle Erkenntnis – Erkenntnis in Modellen oder durch Modelle und jegliche menschliche Weltbegegnung überhaupt bedarf des Mediums Modell.*

In der Physikdidaktik wurde der Modellbegriff unter anderem von KIRCHER [Kir1995] und SABOROWSKI [Sab2000] untersucht.

Übergeordnet lassen sich drei Arten von Modellsystemen finden:

1. **Reale** oder **gegenständliche Modelle** sind Abbildungen von existierenden dinglichen Gegenständen. Hierzu können Modelle als Anschauung genutzt werden, wie etwa Planetenmodelle oder als Figurierung z. B. bei Schiffs- oder Automodellen.

Wie in allen Modellen werden dabei nur Einzelaspekte des Objektes berücksichtigt und es wird nie in seiner Gänze nachgebildet, anderenfalls würde es sich um eine Kopie und kein Modell handeln. Aus didaktischer Sicht muss bei der Benutzung von realen Modellen beachtet werden, dass sie zunächst eine naiv-realistische Sicht fördern, falls sie unreflektiert behandelt werden, da sie für Betrachter „die Dinge, wie sie wirklich sind" repräsentieren (z. B. unterschiedliche Atommodelle). Hier sollte versucht werden auf die Charakteristika des jeweiligen Modells einzugehen, um den Lernenden ein adäquates Modellverständnis zu vermitteln und die Reflexion über das Modell zu ermöglichen.

2. **Modellvorstellungen** oder **ikonische Modelle** sind keine Adaptionen realer Gegenstände, sondern vereinfachte, idealisierte Vorstellungen über Gegebenheiten der Realität. Dies meint, dass sie *nichts zum Anfassen* sind, sondern eine Simplifizierung und Abstrahierung zum Zwecke der Veranschaulichung eines natürlichen Sachverhaltes. Möchte man unbeobachtbare Naturprozesse veranschaulichen, so ist es möglich, sich des Gedankenmodells zu bedienen; hierbei wird gedanklich versucht, etwas begreifbar zu machen (z. B. alle Arten von Atom- und Planetenmodellen, aber auch das Wellenmodell des Lichtes oder der idealisierte Lichtstrahl in der geometrischen Optik). Didaktisch ist, wie bei den realen Modellen, darauf zu achten, dass die Modellhaftigkeit angemessen erläutert wird.

3. Formeln aller Art können als weiteres Modell zum Verständnis der Welt angesehen werden, sie werden **symbolische** oder **abstrakt-mathematische Modelle** genannt. Hierunter fallen nicht nur die typischen physikalischen Formeln, sondern

ebenso chemische Strukturgleichungen oder andere Arten rein abstrakter Darstellungen.

Wo liegen die Grenzen von Modellen?

Alle Modelle sind dadurch begrenzt, dass sie die Realität, die sie beschreiben wollen, nicht eins zu eins abbilden können. Probleme treten auf, wenn das Modell die zu beschreibenden oder erklärenden Probleme nicht mehr erfassen kann. Modellerweiterungen verschieben die Grenzen nur.

Was muss man beim Umgang mit Modellen beachten?

Umso anschaulicher ein Modell ist, desto schneller kann es als Wahrheit angesehen werden, ohne zu erkennen, dass es nur ein Modell zur Erklärung einer tiefer liegenden Erkenntnis ist (z.B. das Federmodell des Atomgitters oder die Drude-Theorie für die elektrische Leitung). Diese Einstellung fördert wieder eine naiv-realistische Vorstellung. Nach SABOROWSKI [Sab2000] gibt es auch die Möglichkeit, ein Modell aus der haptischen Realität in eine virtuelle Welt zu hieven, es also in einer Computersimulation darzustellen. Fraglich ist, ob der Erklärungsgehalt dann noch erhalten bleibt, da virtuelle Realitäten wiederum ganz andere Probleme aufweisen, wie z. B. die Kausalitätslosigkeit.

Theorie

Kann man den Theorie-Begriff definieren?

Der Theoriebegriff wird sehr vielseitig gebraucht und hat unterschiedliche Bedeutungen, deshalb ist es schwierig, ihm hier eine Definition zu geben. Einerseits kann, je nach Auffassung, eine Theorie eine vereinfachte Abbildung von der Realität darstellen oder ein reines geistiges Gedankengebilde.

Die Aufgabe einer Theorie ist es, in modellhafter und hypothetischer Darstellung einen Teilbereich der Natur (als allumfassendes Ganzes, Kosmos, Welt, All) zu beschreiben, aber auch zu erklären.

Einer Idee von LUDWIG [34] [Lud1978, S.8f] und SCHEIER [35] [Schei2010] folgend, wird versucht eine mathematische Struktur des physikalischen Theoriebegriffes zu entwickeln:

Lässt sich eine physikalische Theorie in einer Formel beschreiben?

$$PT = MT(R)$$

- Physikalische Theorie {PT}
- Mathematische Theorie {MT}
- Realitätsbereich {R}
- Abbildung von {()}

Eine physikalische Theorie ist die Abbildung einer mathematischen Theorie auf den Realitätsbereich. Der mathematische Zusammenhang ist dabei allgemeingültig und unabhängig von der Realität. Erst durch die Anwendung bekommt sie einen Bezug zur Realität und geht von der geistigen Mathematik in die materielle Physik über.

Beispielsweise ergibt sich bei der Herleitung der Thomsonschen Schwingungsgleichung für die Reihen- bzw. Parallelschaltung von Kondensator und Spule aus den frequenzabhängigen Widerständen

$$R_C = \frac{1}{2\pi \cdot C} \quad \text{für den Kondensator und}$$

$$R_L = 2\pi f \cdot L \quad \text{für die Spule bei Gleichsetzung}$$

$$R_c = R_L \Rightarrow \frac{1}{2\pi f \cdot C} = 2\pi f \cdot L.$$

Auflösen nach f ergibt

$$f^2 = \frac{1}{4\pi^2 \cdot C \cdot L}.$$

Das Wurzelziehen ergibt zwei mathematische Lösungen

$$f = \pm\frac{1}{2\pi}\sqrt{\frac{1}{C \cdot L}}.$$

Physikalisch ist aber nur die positive Lösung sinnvoll, da es keine negative Frequenz, bzw. Frequenz kleiner 0 gibt.

Ein weiteres Beispiel sind die Tachyonen[36] [Les2002].

---

[34] *PT=MT(–)W; PT*=Physikalische Theorie, *MT*=Mathematische Theorie, *(–)*=Anwendungsvorschrift

[35] CLAUS-ARTUR SCHEIER 1942 Philosoph – lehrt und lebt in Braunschweig

[36] Hypothetische Teilchen, welches sich aus der LORENTZ-Transformation ableitet. Sie hätten/haben die Eigenschaft, dass sie sich in der Zeit rückwärts bewegen.

Treffen vorausgesagte Hypothesen bei Überprüfungen immer wieder zu, dann kann die Theorie als vorläufige Beschreibung der Realität angesehen werden.

In der Physik ist die mathematische Darstellung für eine Theorie charakteristisch[37]. Die Formel als Symbolisierung einer mathematischen Struktur eines Modells spielt deshalb im Theoriegebäude der Physik eine entscheidende Rolle, da sie nicht nur Kausalitäten (wenn ..., dann ...) beschreiben kann, sondern zusätzlich Verhältnisse (je ..., desto ...). Formeln haben eine zusätzliche beeindruckende Möglichkeit: sie können (exakt) in die Zukunft schauen (Divination).

Erwähnt werden sollte, dass nicht jede Theorie vollständig prüfbar ist[38]. Entgegen der Forderung wird sie aber dennoch als Erklärung herangezogen, da sie erstens die ihr gestellten Fragen beantworten kann, zweitens sich in einem wissenschaftlichen Zusammenhang als einleuchtend erweist und drittens logisch klar ist.

In der Physik sind Experiment und Theorie meist eng verzahnt und es lässt sich frei nach EINSTEIN und KANT[39] sagen: *Experimente ohne Theorien sind blind, Theorien ohne Experimente lahm.*

Formel

Das Ziel einer physikalischen Theorie ist es nach LUDWIG [Lud1978, S.8] die raum-zeitliche Struktur der Realität zu beschreiben. Außerdem meint er, dass Ursache-Wirkungszusammenhänge alltagssprachlich und nicht mathematisch sind. Physikalische Formeln beschreiben *je-desto* und keine *wenn-dann Beziehungen.*

Der Begriff Formel wurde bewusst gewählt. Laut Duden [Dud2010] kommt der Begriff vom lat. FORMA (Schönheit, Gesetz, Aussehen) bzw. FORMULA (Form, Regel) und

Wann beschreibt eine Theorie die Realität?

Kann eine Theorie vollständig geprüft werden?

Was ist das Ziel einer physikalischen Theorie?

---

[37] Sie kommt ebenso in der Chemie (z. B. Stöchiometrie) oder Biologie (z. B. Mendelsche Regeln) vor.

[38] Wie etwa die Superstringtheorie, sie besteht aus einer Sammlung von hypothetischen Modellen, die versucht, die Fundamentalkräfte einheitlich zu erklären.

[39] „Gedanken ohne Inhalt sind leer, Anschauungen ohne Begriffe sind blind." [Kan1783]

hat vier Bedeutungen. Oft wird aber von Gleichungen ge-sprochen, doch scheint dieser Begriff eher mathematisch geprägt zu sein. Vielleicht ist es sinnvoll eine physikali-sche Gleichung als Formel zu verstehen.

Simulation

Mit der Verbesserung der Leistungsfähigkeit von Rech-nern wurden Simulationen in den Naturwissenschaften immer wichtiger. Simulationen bestehen aus komplexen mathematischen Gleichungen, die versuchen natürliche Interaktionen zu simulieren. Sie können als Teilbereich der theoretischen Physik angesehen werden und kom-men dann vermehrt zum Einsatz, wenn sich mathemati-sche Gleichungen nicht mehr analytisch lösen lassen. Dies ist meist bei dynamischen Systemen so. Das Zwei-Körper-Problem lässt sich noch analytisch lösen, wohingegen sich das Drei-Körper-Problem nicht mehr analytisch, sondern nur noch simulatorisch lösen lässt.

Wieso werden Si-mulationen immer wichtiger?

Naturgesetz

Ein Naturgesetz *beschreibt* einen empirischen Zusam-menhang, ohne ihn zu erklären, wie es z.B.: das Modell o-der die Theorie tut. Die *Wie- und Was-Frage* wird von den Naturgesetzen beantwortet, die *Warum-Frage* (wenn dies überhaupt möglich ist) von den Modellen und Theorien. Naiv gesagt können Naturgesetze *entdeckt* werden, da sie in der Natur schon vorhanden sind. Theorien hingegen, also die Erklärungen hinter dem Naturgesetz, sind *kon-struiert*.

Wann spricht man von einem Natur-gesetz?

Zufall & Aufmerksamkeit

Der Zufall ist selbstverständlich keine eigene Methodolo-gie, aber bei vielen wesentlichen Erkenntnissen aus-schlaggebend. Dabei scheint es wichtig, diesen in der Na-tur der Naturwissenschaft vernachlässigten Aspekt mit aufzunehmen, denn ohne den Zufall wären sehr viele Ent-deckungen nicht gemacht worden. Neben dem *Zufall* ist die *Aufmerksamkeit* entscheidend, damit der Zufall er-

Spielt der Zufall in den Wissenschaf-ten eine Rolle?

kannt wird und sich als Erkenntnis offenbaren kann. Dabei kann der Zufall auch ein Fehler sein. Fehler müssen nicht immer der Feind der Erkenntnis sein, es muss lediglich erkannt werden, dass es sich um einen Fehler handelt.

Fehler

Warum sind Fehler wichtig?

Der Fehler ist zwar, ähnlich wie der Zufall, keine wissenschaftliche Methodik, sollte aber nicht unberücksichtigt bleiben. Sowohl die Betrachtung des Fehlers, sei es ein Wahrnehmungs-, Denk-, Messfehler etc., sollte berücksichtigt und behandelt werden, als auch das Zulassen des Fehlers.

Die heuristische *Trial-and-Error-Methode* kann bei einigen Problemen, wie z. B. der Fehlersuche, als wirksame Methode angesehen werden, entspricht aber keinem Forschungsparadigma.

Beweis

Kann man in den Naturwissenschaften etwas beweisen?

Da der Begriff Beweis gerade in den Naturwissenschaften oft falsch gebraucht wird, soll er hier mit aufgenommen werden. Ein Beweis ist eine fehlerfreie Herleitung der Richtigkeit einer Aussage, die für alle Fälle gilt. Ein Beweis ist somit eine Allaussage.

In der Mathematik kann von Beweisen gesprochen werden, da sie als virtuelles menschliches Konstrukt als abgeschlossen angesehen werden können. In der Naturwissenschaft darf dies nicht gemacht werden, da die Natur nicht als abgeschlossen angesehen werden kann, bzw. wir uns nie sicher sein können, ob sie dies ist.

Als Merksatz:

**Eine Allaussage ist
nicht verifizierbar (beweisbar),
eine Existenzaussage
nicht falsifizierbar (widerlegbar).**

Das heißt, dass man Theorien (die eine Allaussage darstellen) nicht beweisen, sondern nur Hinweise auf ihre Richtigkeit finden kann. Ebenso ist es nicht möglich eine

Existenz (Gott, Einhörner, Spaghettimonster) zu widerlegen, es können nur Hinweise auf deren Nichtexistenz gefunden werden.

2.3 Erkenntnistheoretische Aspekte

Durch das Aufblühen der Naturwissenschaft im 19. Jahrhundert etablierte sich ein neues Gebiet in der Philosophie, die Wissenschaftsphilosophie. Mit den *Denkzeugen* der Philosophie werden wissenschaftliche Vorgehensweisen untersucht. Ideologische Züge bekommen diese Wissenschaftsphilosophien dort, wo sie aus dem Gedankengebäude der Philosophie in das der Welt überführt worden sind und als Normen dienen sollen[40]. Die Wissenschaftsphilosophie beschäftigt sich ebenfalls mit der Abgrenzung von nichtwissenschaftlichen Aussagen des Glaubens und des Aberglaubens.

Was passiert, wenn Philosophie zur Ideologie wird?

2.3.1 Philosophische Grundlagen

Die (Natur-)Wissenschaftsphilosophie besteht aus den zwei grundlegenden Bereichen *Epistemologie* (Erkenntnistheorie) und *Ontologie* (Lehre des Seienden).

Epistemologie – Erkenntnistheorie

Die grundlegende Frage der Epistemologie (gr. ÉPISTÉME – Wissen, Wissenschaft, Erkenntnis) ist: *„Was kann der Mensch wissen?"* Da davon ausgegangen werden kann, dass vor dem Wissen das Erkennen kommen muss, kann die Frage auch umgewandelt werden zu: *„Was kann der Mensch erkennen?"*

Wo liegt die Quelle der Erkenntnis?

---

[40] Grundlegendes Problem mit allen philosophischen Ideen; sobald sie die Philosophie verlassen und in die Welt eintauchen, kommt es zu einer Korrumpierung und es entsteht eine Ideologie, die aber wiederum für einen Philosophen nicht interessant ist. Als Paradebeispiel kann hier die kommunistische Idee von KARL MARX [Mar1867] gelten.

Im Rahmen der Epistemologie geht es darum, ein Grundverständnis dessen zu entwickeln, wie Wissen funktioniert und welche Genese und Begründungen es gibt bzw. geben kann. Dieser Aspekt wissenschaftsbasierter Allgemeinbildung, der bereits in der Schule vermittelt werden sollte, ist für die Teilnahme an der Gesellschaft notwendig [BroKie2008, S.196].

Sind epistemologische Überzeugungen wichtig für den Unterricht?

Epistemologische Überzeugungen sind für das Lehren und Lernen von zentraler Bedeutung. Bedeutungsvoll ist die Interpretation kontroverser Themenvor allem für das Metaverständnis, den Conceptual Change und den Lerntransfer [Mas2000, QiaAlv1995, JacSpi1995]. SCHOMMER [Scho1994] eruierte, dass die Nutzung kognitiver Strategien das Leseverständnis und die Leistung mit den epistemologischen Überzeugungen korrelieren. In allen genannten Untersuchungen sind weniger entwickelte epistemologische Überzeugungen immer mit geringeren Leistungen verbunden: ineffektivere Lernstrategien, Passivität und ein Mangel an kognitiver Flexibilität. Im umgekehrten Fall gehen stärker entwickelte und differenziertere Überzeugungen mit besseren Leistungen einher [BroKie2008, S.197].

Wichtig bei der epistemologischen Betrachtung ist, dass sie erst einmal unabhängig von einem Weltbezug zu denken ist. Das Problem der Wahrnehmung, der Erfahrung und des Erlernens wird vorrangig thematisiert. Wie hierbei die Welt beschaffen ist (Ontologie) wird nicht weiter betrachtet, da alle Wahrnehmung der Welt auch eine Einbildung sein könnte.

Rationalismus   vs.   Empirismus

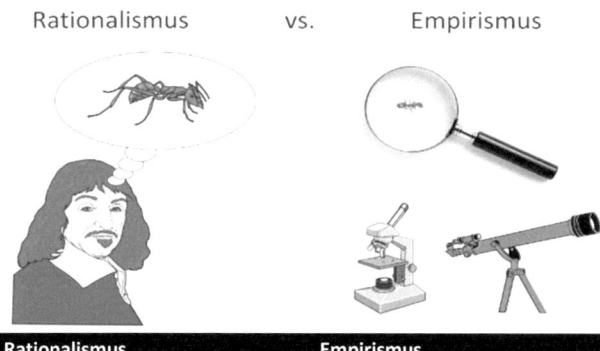

Rationalismus	Empirismus
Erkenntnis ausschließlich durch den Verstand	Erkenntnis durch Erfahrung
Wahrnehmung durch den Verstand	Wahrnehmung durch die Sinne
Existenz einer Realität nicht notwendig	Existenz einer allgemeingültigen Realität notwendig
Als „Real" kann nur Gedachtes gelten, da Wahrnehmung dem Verstand zugeschrieben wird.	Beschränkung nicht nur auf das Existente, sondern auch auf das Wahrgenommene. (z. B. irreale Dinge, Träume, virtuelle Realitäten)
Vertreter: RENÉ DESCARTES (1596-1650) BARUCH DE SPINOZA (1632-1677) GOTTFRIED W. LEIBNIZ (1646-1716) CHRISTIAN VON WOLFF (1674-1754)	Vertreter: FRANCIS BACON (1561-1626) JOHN LOCKE (1632-1704) GEORGE BERKELEY (1685-1753) DAVID HUME (1711-1776)
IMMANUEL KANT (1724-1804)	
Dem Erkenntnisprozess werden empirisch begründete Beobachtungen zugrunde gelegt,	
Erkenntnis wird a posteriori[41] durch den Verstand gebildet (durch Ordnung der Beobachtungen),	
die aber a priori[42] im Verstand schon vorhanden ist.	

Tabelle 2.3: Gegenüberstellung Rationalismus – Empirismus

Aus dem Bezug zur Welt ergeben sich die beiden gegenüberstehenden Positionen **Rationalismus** (lat. RATIO – Vernunft), Geisteshaltung, die das rationale Denken als einzige Erkenntnisquelle ansieht und **Empirismus** (gr.-nlat.), philosophische Lehre, die als einzige Erkenntnis-

Was sagt der Rationalismus?

---

[41] A POSTERIORI (lat. von dem, was nachher kommt)
[42] A PRIORI (lat. vom Früheren her)

quelle die Sinneserfahrung, die Beobachtung und das Experiment gelten lässt. In Tabelle 2.3 werden die beiden Positionen zu charakterisieren.

Als Quelle der Erkenntnis ist im Rationalismus nur das rationale Denken zulässig. Die Erkenntnis wird ausdrücklich über den Verstand begründet und auch die Wahrnehmung ist eine Verstandeswahrnehmung. Im Rationalismus ist die Existenz einer Realität nicht notwendig, da als „Reales" nur Gedachtes akzeptiert wird. Als Begründer und Hauptvertreter kann DESCARTES[43] genannt werden.

Was muss man bei epistemologischen Betrachtungen berücksichtigen?

Aus dem DECARTschen Grundgedanke „*COGITO, ERGO SUM*" bzw. „*Je pense, donc je suis*" (Ich denke, also bin ich) leitet sich ab, dass Denken der Fixpunkt des Erkennens ist und sogar über den Zweifel erhaben ist; denn wer zweifelt, denkt.

Wo entsteht die Welt?

Die Position, dass Wahrnehmung immer durch den Verstand gehen muss, also vom Gehirn, als Sitz des Verstandes, konstruiert wird, kann als Grundlage des Konstruktivismus gelten. Bei der konstruktivistischen Sichtweise wird davon ausgegangen, dass die „Welt" lediglich als Konstrukt der von den Sinnesorganen aufgenommenen Sinneseindrücke kreiert wird. Ob es „da draußen" eine wirkliche Welt gibt, kann nicht beantwortet werden. Jede moderne Theorie über die Welt kann als konstruktivistisch angesehen werden, da sie die menschliche Beschränktheit – eine der wesentlichen Erkenntnisse der Moderne – enthält.

Was sagt der Empirismus?

Der Empirismus stellt die Gegenposition dar. In ihr ist Erkenntnis nur über die Sinneserfahrung, die Beobachtung und Experiment zulässt, möglich. Erkenntnisse werden über Erfahrungen gewonnen, die über die Sinne wahrgenommen wurden. Eine Realität wird als allgemeingültig

---

[43] René Descartes (1596-1650) französischer Philosoph, Mathematiker und Naturwissenschaftler

existierende angenommen. Zum Wahrgenommenen können ebenso Irreales, wie etwa Träume oder virtuelle Realitäten gehören.

Ein Beispiel für ein Zusammenspiel dieser beiden Sichtweisen ist die Philosophie KANTs. Bei ihm ist der Erkenntnisprozess durch empirisch begründete Beobachtung gegeben. Erkenntnis wird aber durch Ordnung der Beobachtungen, a posteriori durch den Verstand gebildet, wobei die Kategorien, innerhalb derer dies geschieht, schon a priori im Verstand vorhanden sind.

Gibt es eine Möglichkeit die Vorstellung zu verbinden?

Die Schwierigkeit der Erkenntnis über die Welt ist an einer Geschichte von fünf blinden Weisen, die auf ein unbekanntes Tier stoßen, zeigbar. Der Erste bekommt den Rumpf zu fassen und sagt: „ein Berg", der Zweite bekommt den Schwanz zu fassen und sagt: „ein Pinsel", der Dritte bekommt das Bein zu fassen und sagt: „eine Säule"; der Vierte bekommt die Ohren zu fassen und sagt: „ein Segel" und der Fünfte bekommt den Rüssel zu fassen und sagt: „eine Schlange". Jeder hat ein Teil des Tieres berührt. Erst streiten sie untereinander, da jeder auf seiner Erkenntnis beharren will. Da sie aber weise und der Einsicht befähigt sind, kommen sie darauf, dass es sich wohl um ein und dasselbe Tier handelt: einen Elefanten.

Wie Schwierig ist es die Welt zu erkennen?

Die Erkenntnis, dass jede Erkenntnis lediglich erdacht ist, wirft die Frage auf, ob und wie Realität existent oder ob die Welt nur Schein ist. Dies versucht die Ontologie zu beantworten.

Ontologie

Die Ontologie (aus dem gr. ON als Partizip zu EINAI – Seien und LOGOS – Lehre, Wort „Lehre des Seienden") beschäftigt sich mit dem Seienden, also mit allem, was als existent angesehen wird. Es gibt grundlegend zwei Auffassungen, die sich wieder gegenüberstehen (Tab. 2.4).

Wie wirklich ist die Wirklichkeit?

Im **Idealismus** (gr. IDÉA – Idee Urbild) kann nicht gesagt werden, ob Gegenstände auch noch existent sind, wenn sie nicht mehr beobachtet werden. Zum Beispiel wird ein

Ist die Welt auch ohne mich da?

Auto erst zum Auto, wenn es wahrgenommen wird, ob es dies noch gibt, wenn es nicht mehr wahrgenommen wird, kann nicht erschlossen werden. Als anderes Beispiel: „Wenn ein Baum im Wald umfällt und keiner hört es, macht er dann ein Geräusch?" Dies mündet in den Satz:

„Esse est percipi" – Sein ist wahrgenommen werden.

G. BERKELEY *(1685-1753)*

Ist es möglich Idealismus und Physik zu verknüpfen?

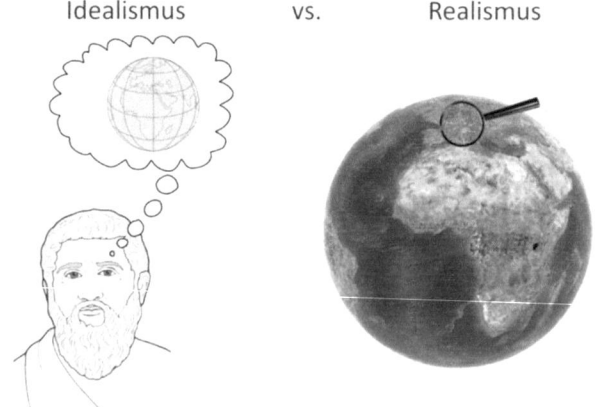

Idealismus	Realismus
Das Seiende wird durch das Bewusstsein gebildet.	Die Realität existiert auch außerhalb des Bewusstseins.
Existenz von Realität entsteht durch das Bewusstsein.	Die Realität existiert auch unabhängig von Bewusstsein.
Erst durch die Betrachtung entsteht die Welt.	
Pragmatismus	
Nützlichkeit steht im Vordergrund.	
Existent ist alles, was wir brauchen, unabhängig davon, ob die Realität gedacht ist oder nicht.	
Was wir zum praktischen Nutzen brauchen ist „Wahr".	

Tabelle 2.4: Gegenüberstellung Idealismus – Realismus

Dinge entstehen erst durch das Bewusstsein. Dies bedeutet, dass die physikalische Welt als Objekt nur im Bewusstsein vorhanden und selbst geistig beschaffen ist.

Obwohl es so schien, dass der Idealismus mit einer empirischen Sichtweise nicht vereinbar ist, so zeigten doch verblüffende Experimente aus der Quantenmechanik, dass Erscheinungsweisen von z. B. Licht und Elektronen durchaus vom Beobachter abhängig sind[44], da hier „Verstand" auf „Existenz" einwirkt, obgleich nicht so wie es im eigentlichen Sinne des Idealismus gedacht war. Das Gedankenexperiment von E. SCHRÖDINGER[45] – SCHRÖDINGERS Katze – beschreibt ähnliche Probleme.

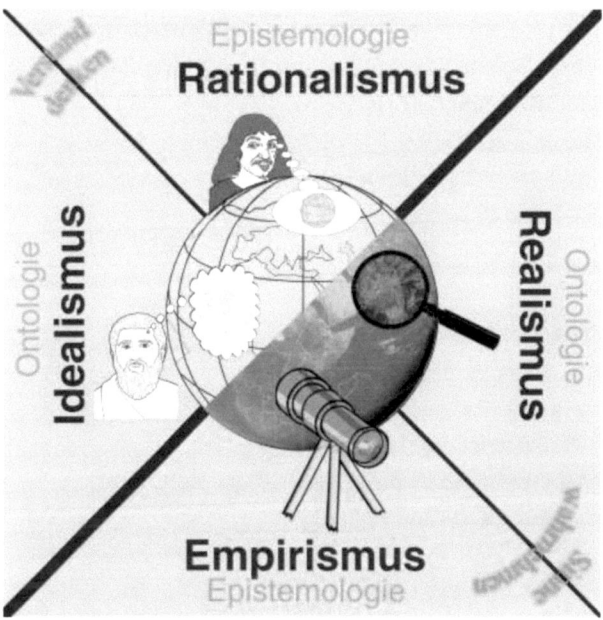

Abbildung 2.6: Ontologie und Epistemologie [Str2014]

Die Gegenposition ist der **Realismus** (eng. REAL – echt). Er betont, dass eine Welt auch außerhalb und unabhängig eines Bewusstseins existiert. Da der Realismus in der Wissenschaftstheorie eine wichtige Rolle spielt, werden im nächsten Abschnitt drei unterschiedliche Ausführungen vorgestellt.

Was sagt der Realismus?

An der Frage: „*Wenn im Wald ein Baum fällt, und keiner ist da um es zu hören, macht er ein Geräusch?*" lässt sich seine persönliche Einstellung sehen. Der Idealist würde sagen *nein*, der Realist *ja*.

Gibt es ein Geräusch?

---

[44] Grundlegende Aspekte sind hier Einzel-, Doppel-, Mehrfachspaltexperimente mit Photonen und Elektronen, oder das Beschäftigen mit der HEISENBERGschen Unbestimmtheitsrelation (Unschärferelation).

[45] ERWIN SCHRÖDINGER 1887 – 1961 österreichischer Physiker

2.3.2 Wissenschaftsphilosophie

Ist naturwissenschaftliches Denken immer realistisches Denken?

In den Naturwissenschaften wird versucht, möglichst zuverlässiges Wissen zu erhalten. Hierfür werden empirisch gewonnen Daten (reproduzierbare Sinneswahrnehmungen) aus der Welt erfasst, um überprüfbare Erklärungen zu den beobachteten Phänomenen aufzustellen. Ob hierfür eine realistische Auffassung notwendig ist, wird im Folgenden geklärt.

Es lassen sich unterschiedliche Positionen herausarbeiten, ihre Unterschiede liegen in der Beziehung zwischen Realität und Wahrnehmung.

Naiver Realismus

Welche Vorstellungen über die Welt haben die meisten Schülerinnen und Schüler?

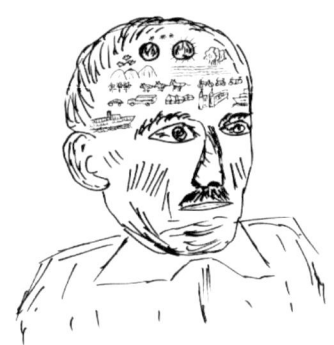

Der *naive Realismus* kann als äußerste realistische Ansicht bezeichnet werden. Er wird in den Naturwissenschaften nicht mehr vertreten, ist aber zum Verständnis der Sichtweisen wichtig, da er eine zentrale Rolle in der Entwicklung des eigenen Wissenschaftsverständnisses spielt. Wichtig zu wissen ist, dass die meisten Schülerinnen und Schüler eine naiv-realistische Sichtweise über die Welt haben.

Wie nimmt ein naiver Realist die Welt war?

Unter der naiv realistischen Denkweise kann man die Vorstellung verstehen, dass *die Welt genauso gestaltet ist, wie man sie wahrnimmt*. Naiv, weil eine *eins zu eins* Abbildung zwischen Welt und Verständnis/Wahrnehmung von Welt gedacht wird. Selbstverständlich wird dies durch die Unzuverlässigkeit unserer Wahrnehmungsorgane infrage gestellt, aber dies kann durch reproduzierbare Messungen umgangen werden. Die natürliche Wahrnehmung wurde durch die Technik der Naturwissenschaft sehr erweitert (Mikroskop, Fernrohr, …), sodass wir Dinge wahrnehmen können, die sich eigentlich unserer Wahrnehmung entziehen. Bei der naiven Weltsicht sind *die Dinge*, wie *die Dinge an sich sind*, so ist z. B. der Becher, den ich sehe, genau der Becher, den ich wahrnehme. Auch bei einem Bild eines Bechers denken wir an einen Becher.

Naturgesetze brauchen nur *entdeckt* zu werden, sie stellen dann eine eineindeutige Abbildung der Realität dar. Die Frage der Begründung, also dem *Warum*, wird nicht gestellt. Geschichtlich herrschte diese Sichtweise vor allem im 19. Jahrhundert vor.

Kritischer Realismus

Im *kritischen Realismus* relativiert sich der Wahrheitsgehalt der Wahrnehmung dahingehend, dass wir nicht alle Aspekte der Welt so erfassen können, wie sie an sich sind. In einer Erweiterung zum naiven Realismus werden im kritischen Realismus, neben der Empirie, auch rationalistische Aspekte mit einbezogen. Grundlegende Prämissen des kritischen Realismus:

Ist eine Erweiterung des naiven Realismus möglich?

- Auch außerhalb unseres Verstandes (Bewusstseins) existiert eine Welt,
- diese Natur ist erkennbar,
- das von uns über die Außenwelt erstellte Bild der Wirklichkeit nähert sich immer weiter der Realität an, ohne dass es sie jemals vollständig erfassen kann (asymptotische Annäherung der Wirklichkeit an die Realität.)[46].

Durch den rationalen Ansatz bekommt die Frage nach dem *Warum* eine Bedeutung, dies führt zur Trennung von Theorie und Evidenz[47], da Theorien aus rationalen Überlegungen herausgebildet werden müssen und nicht nur aufgedeckt, wie im naiven Realismus.

---

[46] Der Unterschied zwischen Realität und Wirklichkeit liegt darin, dass Wirklichkeit das ist, was durch die Sinne auf uns wirkt und Realität das ist, was ist.

[47] anschauliche Gewissheit (KANT), Selbstgegebenheit (HUSSEL)

Warum muss man von der Denkweise des naiven Realismus wegkommen? Kinder, aber auch viele Erwachsene, tendieren dazu Theorie und Evidenz zu vermischen und Lehrsätze zu benutzen *über das Sein / die Welt / die Wahrheit wie es/sie nun mal ist*, ohne dies kritisch zu hinterfragen [Kuhn1989]. Für die Entwicklung eines adäquaten Wissensverständnisses ist der Schritt weg von der naiv-realistischen Weltsicht hin zu einer kritischen Analyse jedoch sehr wichtig, da diese kritische Sicht erstens eine Möglichkeit eröffnet, hinter die Dinge zu sehen, und zweitens die Suche nach übergeordneten Zusammenhängen zu starten.

Hypothetischer Realismus

Im *hypothetischen Realismus* von G. VOLLMER[48] [Vol1988] wird der Realitätsbegriff noch weiter relativiert. In der evolutionären Erkenntnistheorie formuliert er:

> *Wir nehmen an, dass es eine reale Welt gibt, dass sie gewisse Strukturen hat und dass diese Strukturen teilweise erkennbar sind, und prüfen, wie weit wir mit diesen Hypothesen kommen.*
>
> G. VOLLMER [Vol1988, S.35]

Ist die Wahrnehmung zuverlässig? Er bezieht sich dabei auf die Sinnesorgane, die nur im Mesokosmos wahrnehmen können. Aus Sicht der Evolution bleibt uns der Mikro- und Makrokosmos verborgen, da er für uns keinen Vorteil bietet, deshalb auch die Verwendung des Begriffs *evolutionäre Erkenntnistheorie*. Es ist wichtig, dass die Unzuverlässigkeit der Wahrnehmung früh erkannt und akzeptiert wird, da sie der Überheblichkeit des angeblich Wissenden vorbeugt. VOLLMER vertritt weiterhin die Auffassung, dass Wissenschaft eine Art von Versuch und Irrtum ist. G. VOLLMER [Vol2001]: *„Wir irren uns empor.“*

Kritischer Rationalismus

Muss die Entstehung einer Theorie immer rational begründbar sein? Der Begründer des kritischen *Rationalismus* Sir KARL POPPER[49] kritisiert die positivistische Sichtweise. Nie könnten alle möglichen und notwendigen Aussagen über die Welt

---

[48] GERHARD VOLLMER 1943 – Physiker und Philosoph, lebte und lehrte in Braunschweig.
[49] KARL POPPER 1902 – 1994 österreichisch-britischer Philosoph

durch die Unerschöpflichkeit der Realität aufgestellt werden [Res1987]. POPPER erweitert die empirischen Wissenschaften in einer Weise, die es unwichtig erscheinen lässt, wie eine Theorie entsteht; gleichwohl ob durch Induktion, Abduktion, Deduktion, Intuition oder Querdenken. Nach POPPER muss der Denkweg zu einer neuen Theorie nicht rein rational sein, andere Möglichkeiten sind ebenso zugelassen. Ihm ist es wichtig, dass die Akzeptanz der Theorie rational begründet wird. Theorien sind bei ihm nicht mehr wahr und werden durch Verifikationen bestätigt. Er fordert, dass Theorien als falsch erkennbar (falsifizierbar) sein müssen [Pop1976]. Endlich viele Belege einer Theorie können sie niemals zur Wahrheit machen (verifizieren), es bedarf nur eines falschen Ergebnisses, um sie zu widerlegen. Nach POPPER ist jedes Wissen bis es widerlegt wird vorläufig, dann muss es verworfen oder erweitert werden. Somit ist der kritische Rationalismus nach G. VOLLMER [Vol1988] evolutionär, da nur die am besten an die Realität angepasste Theorie überlebt.

Instrumentalismus

Der *Instrumentalismus* kann als Abwandlung des *Pragmatismus*[50] gesehen werden, da sich die Erkenntnisgewinnung ausschließlich an der Nützlichkeit für das Individuum und die Gesellschaft orientiert. Für das Verständnis der Natur der Naturwissenschaften ist der Instrumentalismus wichtig, da in der letzten Zeit ein Trend weg von den Grundlagenwissenschaften, hin zu den angewandten Wissenschaften zu verzeichnen ist. Das ist problematisch, da die Nützlichkeit von Erkenntnissen nur schwer bewertbar ist, wie z. B. bei der Supraleitung oder der Relativitätstheorie.

> Muss Forschung immer nützlich sein?

---

[50] *Pragmatismus* vom gr. PRAGMA "Handlung", "Sache" ist eine Denkweise, in der es vor allem um das Handeln und nicht um eine genaue theoretische Begründung geht.

Konstruktivismus

Wie nehme ich die Welt wahr?

Im erkenntnistheoretischen *Konstruktivismus* geht man von der Abgeschlossenheit des Nervensystems aus. Hierdurch kann unser Gehirn die Wahrnehmung lediglich interpretatorisch (re)konstruieren. Diese Konstruktion kann einen Bezug zum eigentlichen Sein haben, muss sie aber nicht; ob sie das hat ist nicht feststellbar. Die Welt wird im Geiste vorgestellt, ob diese Vorstellung der Wahrheit entspricht ist eher unklar.

Eigentlich ist der *Konstruktivismus* nur ein neues Wort für eine *rational-idealistische* Weltsicht. Ein Konstruktivist kann eigentlich nichts über die Welt aussagen, da sie rein in seinem Gehirn entsteht. Die Erweiterung besteht darin, dass davon ausgegangen wird, dass auch Wissen, Erkenntnis, Erfahrung und Emotion innerhalb des Wahrnehmungssystems erst entsteht. Somit ist das, was wir wissen, erst in unserem Geist entstanden; wir haben es selbst konstruiert. Wichtig hierbei ist, dass man den *Konstruktivismus* nicht als eine *Ontologie* ansieht – er macht keine Aussagen über das Sein der Welt, sondern als *Epistemologie* – wie ist mein Wissen über die Welt aufgebaut.

Anmerkung: Der konstruktivistische Gedanke hat über die Psychologie Einzug in die Erziehungswissenschaften erhalten. In konstruktivistischen Lehr-Lernansätzen geht es nicht mehr um das Auswendiglernen von Wissen, sondern um das Konstruieren von Wissenszusammenhängen.

Realistischer Konstruktivismus

Gibt es eine Welt im Konstruktivismus?

In der Lehr-Lern-Forschung herrscht das Forschungsparadigma der Sozialforschung vor: nur was empirisch belegt ist wird anerkannt. Dies ist eigentlich für einen harten Konstruktivisten nicht zugänglich, da er eine rational-idealistische Auffassung über die Welt hat. So muss angenommen werden, dass die meisten Konstruktivisten in der Lehr-Lern-Forschung *realistische Konstruktivisten* sind, denn sie gehen von einer für alle erfahrbaren Welt aus, die sich empirisch messen lässt. Sie nehmen aber an, dass die Wahrnehmung dieser Welt für jeden individuell ist.

2.4 Wissenschaftsethische Aspekte

„Die Ethik untersucht Fragen nach dem moralisch richtigen Handeln des Menschen. Angestrebt werden dabei nachvollziehbare Begründungen, warum welches Tun erlaubt, geboten oder verboten ist. Als Moral hingegen werden Vorstellungen vom sittlich Guten bezeichnet, die von einzelnen Personen oder Gruppen getragen werden. In der Ethik geht es also nicht darum, Moral zu predigen, sondern Moral zu analysieren und zu begründen."

HÖßLE und LUDE [HößLud2004]

Die Wissenschaftsethik hat sich das Ziel gesetzt, die vom Menschen erschaffene Wissenschaft, das wissenschaftliche Forschen, ebenso wie die Ziele, Ergebnisse und Erkenntnisse in Bezug auf ihre moralischen Resultate für die Gesellschaft und für den wissenschaftlichen Diskurs zu untersuchen und zu bestimmen.

Braucht die Wissenschaft eine Ethik?

Eine spezielle Herausforderung für die Wissenschaftsethik bildet hier der Bereich der technischen Errungenschaften, da diese die gewonnenen Kenntnisse verwendbar machen und somit direkten und indirekten Einfluss auf die Gesellschaft, oder zumindest auf Teile derselben, nehmen.

In den ethischen Vorstellungen zur Verbindung des Menschen mit der Natur lassen sich zwei Extrempositionen finden:

Ökologische Sicht	Technokratische Sicht
Nur das ist erlaubt, was ethisch vertretbar ist.	Alles ist erlaubt, was technisch möglich ist.
Harmonisches Zusammenleben zwischen Mensch und Natur wird angestrebt.	Die Welt hat sich dem Menschen unterzuordnen.

Tabelle2.5: Gegenüberstellung von Sichtweisen

Interessant ist, dass man zwar von der Einstellung oft die ökologische Sicht bevorzugt, aber meist nach der technokratischen Sicht handelt[51].

Im Sinne der klassischen anthropozentrischen[52] Wissenschaftsethik ist aber nicht die Wissenschaft an sich moralisch zu bewerten, sondern der Umgang des Individuums mit dem wissenschaftlichen Fortschritt. So sollte die technische Umsetzung der Erkenntnisse einer moralischen Reglementierung unterliegen. Beispielsweise gelten nicht die Wissenschaftler als moralisch schlecht, die die Kernspaltung entdeckt haben, sondern diejenigen, die sich dafür eingesetzt haben diese Erfindung als Massenvernichtungswaffe zu nutzen. Einige Wissenschaftsethiker prüfen selbst diesen Standpunkt, da auch eine Argumentation der Verhinderung weiterer Opfer angeführt werden kann.[53]

Sollen wir umdenken?

In den letzten Jahren verschaffte sich HANS JONAS mit seinem Werk *„Das Prinzip Verantwortung"* [Jon1979] Aufsehen, in dem er eine neue Ethik der modernen Industriestaaten skizziert [Gün2006]. Heftig kritisiert JONAS westliche und östliche Ideale und entwirft eine neue Ethik. Er hält eine Überfluss-Gesellschaft für ein falsches Ziel; seiner Meinung nach sollte die Gesellschaft eher nach Schlichtheit, Anspruchslosigkeit und Genügsamkeit streben. Eine dauerhafte Erhaltung des Ökosystems Erde, mit all seinen belebten und unbelebten Anteilen, kann nur durch diese neue Verantwortung gewährleistet werden (s. a. [KirGirHäu2001, S. 47] und [KirDit2004, S. 15f.]).

---

[51] Beispielhaft seien genannt: das Essen von Fleisch, die Ausbeutung der Natur und die ungezügelte Vermehrung des Menschen.

[52] Anthropozentrismus (gr. ÁNTHROPOS „Mensch", lat. CENTRUM „Mittelpunkt") – ‚Der Mensch ist der Mittelpunkt der Welt' oder reflektierter ‚Der Mensch sieht sich als Mittelpunkt der Welt'.

[53] Durch den Einsatz von Atomwaffen gab es zwar viele Opfer, aber auch ein schnelles Kriegsende, was weitere eventuelle Opfer eines sehr langen Krieges verhindert haben könnte. Es liegt die Vermutung nahe, dass dieses Argument konstruiert ist und der späteren Rechtfertigung dient, da sowohl Nazideutschland als auch das japanische Reich 1945 völlig am Ende waren.

Diese Idee/Forderung ist nicht neu, schon LAOTZE[54] formuliert sie im philosophischen Taoismus mit den Worten: *„Dao (der Weg) ist zu erreichen durch WU-WEI* (chin. sich selbst zurücknehmen)".

Es scheint, dass in unserer Zeit durch weltumspannende Probleme, die zum Teil aus einem technokratischen Handeln entstehen, die ökologische Sichtweise erstmalig Bedeutung erlangt, doch findet man sie schon bei SOKRATES[55]: *„Eben dies ist das höchste Gut für den Menschen, täglich über Tugend sich zu unterhalten und über andere Gegenstände, über welche ihr mich reden und mich selbst und andere prüfen hört. [Pla399] Nicht Geld oder Status, das Erwerben von Wissen ist das höchste Gut. Dieser Erwerb dient weder der Unterhaltung noch befriedigt er allein die Neugier – er ist letztlich Grund unserer Existenz."* [LanSzuTom2011].

Die Notwendigkeit eines wissenschaftsethischen Diskurses zeigt sich in vielen Forschungsfeldern. Besonders Medizin und Gentechnik bieten ein breites Feld möglicher moralischer Folgen für die Gesellschaft. Beispiele für wissenschaftsethische Diskussionen: Atomkraftnutzung, Atombombe, alternative Energien, Energiesparlampen, CO_2, Entsorgung, Klimawandel, Herstellung von Bioethanol vs. Verschwendung von Nahrungsmitteln, LHC (Angst vor Schwarzen Löchern), Elektrosmog, Sinn und Zweck von zu teurer Forschung, Stammzellenforschung, Präimplantationsdiagnostik, Klonen zur Organspende, Züchtung von tödlichen Viren, Doping nutzen, Gentechnik, genetische Verbesserung, genmanipulierte Lebensmittel, Massentierhaltung, Essen von Fleisch, lebenserhaltende medizinische Maßnahmen, Datenschutz, Roboter in der Pflege, Tierversuche, Waldsterben durch sauren Regen, Überbevölkerung durch verbesserte Nahrungsmittel und

Wo ist die Wissenschaftsethik von Bedeutung?

---

[54] LAOTZE 6. Jahrhundert v.u.Z. chinesischer Denker, Begründer des Taoismus
[55] SOKRATES 469 – 399 v.u.Z. griechischer Philosoph, der auch wegen seiner kritischen Haltung zum Tode verurteilt wurde.

Medizin, Künstliche Intelligenz (KI), Künstliche Kreativität (KK), bzw. Künstliches Bewusstsein (KB), etc..

In diesen Bereich gehört auch das wissenschaftliche Selbstverständnis. Erst werden Punkte vorgestellt, wie sich Forscherinnen und Forscher nicht verhalten sollten (siehe auch [MPG2000]):

- Erzeugung experimenteller Daten ohne Messung
- Manipulation oder Fälschung von Daten
- Vernichtung von Forschungsdaten
- Plagiat (Ausgeben von fremder Forschung für eigene Forschung)
- Mitautorenschaft ohne Einverständnis
- Sabotage von Forschung

Bzw. wie sie sich verhalten sollen:

- Zitieren benutzter Quellen
- Nennung bei der Forschung beteiligter Personen
- Veröffentlichung der Forschungsergebnisse
- Eigenständigkeit der Forschung
- Selbstzensur
- Freiheit der Forschung

Einige der Punkte können kritisch betrachtet werden. So sollte nicht jede Forschung frei zur Verfügung gestellt werden, da ein möglicher Missbrauch nicht abzuschätzen ist, oder die Auswirkungen zu verheerend sein könnten (z.B. Atomwaffen, Genmanipulation, künstliches Bewusstsein). Die mögliche Einschränkung betrifft dann die Freiheit der Forschung, die im Grundgesetz verankert ist und im historischen Verständnis ein wichtiges Gut darstellt: *„Kunst und Wissenschaft, Forschung und Lehre sind frei. Die Freiheit der Lehre entbindet nicht von der Treue zur Verfassung."* [Gru1949, 5 (3)]

Aufgrund der enormen Breite des Themas können an dieser Stelle ethische und moralische Aspekte nur angedeutet werden. Eine philosophische Haltung ist unabdingbar um vorschnelle Meinungen zu vermeiden, die nur aus persönlichen Gesichtspunkten herausgebildet wurden, ohne übergeordnete Aspekte zu berücksichtigen.

Didaktische Bemerkung:

Als Lehrerin oder Lehrer ist es sehr wichtig, falls man im Unterricht moralisch/ethische Bezüge integrieren möchte, seine eigene Meinung zurückzunehmen und Schülerinnen und Schüler nicht ungerecht zu bewerten. Zu bedenken ist, dass die geäußerten Meinungen im demokratischen Rahmen bleiben. Der Nihilismus zeigte, dass es keine richtige moralische Sichtweise gibt, sondern nur eine für einen selbst oder eine Gesellschaft vertretbare.

Was sollte man als Lehrer unbedingt beachten?

Abschlussbemerkung:

Aus der Vielzahl von Einstellungen lässt sich hoffentlich ableiten, dass es *die eine Sicht* auf die Naturwissenschaft nicht gibt. Somit sind Sie aufgefordert, sich Ihre eigene Meinung zu bilden. Um die gesellschaftlichen Erkenntniswege nachvollziehen zu können sind im Anhang einer Idee von K. EBERHARD [Ebe1987] folgend sechs Erkenntniswege aufgezeigt.

Weiterführende Literatur

Es gibt relativ viele Bücher über Wissenschaftstheorie. Hier wurden einige zusammengestellt und mit kurzem Kommentar versehen:

- ERTL D. (2010) *The Nature of Science. Das Wesen / die Natur der Naturwissenschaft.* Seite 5-7. PLUS LUCIS 1-2/2010 (Im Internet als PDF frei herunterladbar) Zusammenstellung von 15 Mythen über die Natur der Naturwissenschaft. Gut zu lesen.
- ERTL D. (2013) *Sechs Kernaspekte zur Natur der Naturwissenschaft.* Seite 16-20. PLUS LUCIS 1-2/2013 (Im Internet als PDF frei herunterladbar)

Zusammenstellung von sechs Kernaspekten. Gut zu lesen.

- EBERHARD, K. (1987) *Einführung in die Erkenntnis- und Wissenschaftstheorie: Geschichte und Praxis der konkurrierenden Erkenntniswege*. Kurt Eberhard. 160 Seiten. Stuttgart, Berlin, Köln, Kohlhammer

In diesem Buch werden unterschiedliche Erkenntniswege von der Steinzeit bis heute erklärt. Sehr zu empfehlen (leider im Moment nur noch gebraucht zu erhalten). Ein Auszug ist im Anhang zu finden.

- VOLLMER, G. (2013) *Gretchenfragen an den Naturalisten*. Gerhard Vollmer. 90 Seiten. Alibri, Aschaffenburg 2013

Sehr gute Einführung in den Naturalismus. Viele Einstellungsfragen werden hier geklärt.

- BECK, C.H. (2013) *Wissenschaftstheorie: Eine Einführung.* Holm Tetens. 126 Seiten.

Kurzweilige und kritische Einführung. Zum Schmökern geeignet.

- BUSCHLINGER, W, CONRADI, B. RUSCH, H. (2009) *Philomat / Apparat für weltanschauliche Diagnostik. Erkunden Sie Ihre Philosophie im Selbsttest*! 232 Seiten. Hirzel

Ein philosophisches Spiel in Buchformat, in dem Sie Ihre philosophischen Einstellungen herausbekommen können. Kurzweilig.

- BLANK, J., SCHIERHORN, O. (2014) *EinFach Philosophieren: Wissenschaftsethik*. 84 Seiten. Schöningh Verlag im Westermann Schulbuch

Direkt im Unterricht einsetzbare Ausarbeitungen unterschiedlicher Gebiete der Wissenschaftsethik (z. B. Technik, Plagiate oder Natur und Umwelt).

- GRYGIER, P., GÜNTHER, J. KIRCHER, E. (2007) *Über Naturwissenschaften lernen: Vermittlung von Wissenschaftsverständnis in der Grundschule*. 204 Seiten. Schneider Hohengehren

Vielseitige Sammlung zu den Themen Optik (optische Täuschungen) und E-Lehre. Z. T. mit ausgearbeiteten Unterrichtsmaterialien.

- SCHÜLEIN, J.A., REITZE, S. (2012) *Wissenschaftstheorie für Einsteiger.* 283 Seiten. UTB, Stuttgart 2012

  Eine historisch- und personenorientierte Einführung, die sich vor allem um den wissenschaftstheoretischen Bereich kümmert. Empfehlung nur für Interessierte.

- DETEL, W. (2007) *Grundkurs Philosophie / Erkenntnis- und Wissenschaftstheorie.* 160 Seiten. Reclam

  Die Einteilung in der Theoretischen Philosophie ist zum Teil sehr formal. Es werden physikalische Beispiele in den Argumentationen verwendet. Empfehlung nur für Interessierte.

- Grodzicki, M. (2015) *Physikalische Wirklichkeit - Konstruktion oder Entdeckung?: Eine Einführung in die Methoden und Ziele der Physik.* Living Edition/STARNA, Christian-Doppler-Fonds (Hg.)

Ein sehr ausführliches Buch, welches tief in die Materie eintaucht.

3 Was ist Physik?

3.1 Vorüberlegung

Was bedeutet ‚Physik' überhaupt?

Physik, griechisch PHYSIKE - die Natürliche (griechische Göttin der Natur), erstmalig in HOMERS Odyssee genannt:

> „Also sprach Argeiphontes (Hermeias), und gab mir die heilsame Pflanze, die er dem Boden entriß, und zeigte mir ihre **Natur** an: Ihre Wurzel war schwarz, und milchweiß blühte die Blume."
>
> HOMER; Odysseus, X. Gesang, Zeile 302 [Hom800vuZ]

Bemerkenswert ist, dass sich der Begriff ‚Natur' vom lateinischen NATURA bzw. NASCI (entstehen, geboren werden) ableitet, die wiederum mit dem griechischen PHÝSIS semantisch verwandt sind. Das Natürliche kann als das *nicht* vom Menschen Geschaffene angesehen werden.

Der Begriff im heutigen Sinne wurde schon bei den Vorsokratikern benutzt. Bekannt wurde er später durch die Werke von ARISTOTELES[56]. Hier wird, nach der Ordnung der Schriften, die Physik an zweite Stelle gesetzt:

Werke des ARISTOTELES (zusammengefasste Darstellung)[57]:

- Logik, Wissenschaftstheorie, Rhetorik
- Naturlehre (Physik)
- Metaphysik
- Ethik und Staatslehre
- Dichtung

Physik wird bei dieser Einordnung als Naturlehre angesehen, also als Lehre von der Natur. Der Begriff *Metaphysik* wird von ARISTOTELES selbst nicht verwendet. Erst später werden bestimmte Untersuchungen über die *Übernatur* in diesem Werk zusammengefasst.

---

[56] ARISTOTELES 384-322 v.u.Z. Philosoph der Antike

[57] Die gesamten Schriften des Aristoteles finden sich in der CORPUS ARISTOTELICUM.

Der Begriff *Metaphysik* ist die Zusammensetzung von METÁ gr. „nach/über" und PHÝSIS „Natur", also das hinter/über der Natur liegende. In der Metaphysik werden z. B. folgende Fragen behandelt[58]:

Was liegt hinter der Natur?

- Warum existiert das Universum und wie ist es entstanden?
- Gibt es einen Gott und wenn ja, welche Eigenschaften besitzt er?
- Was ist der Unterschied zwischen Geist und Materie?
- Besitzt der Mensch eine unsterbliche Seele?
- Verfügen wir über einen freien Willen?
- Verändert sich alles oder gibt es auch Dinge und Zusammenhänge, die bei allem Wechsel der Erscheinungen immer gleichbleiben?
- Gibt es einen übergeordneten Sinn des Lebens?

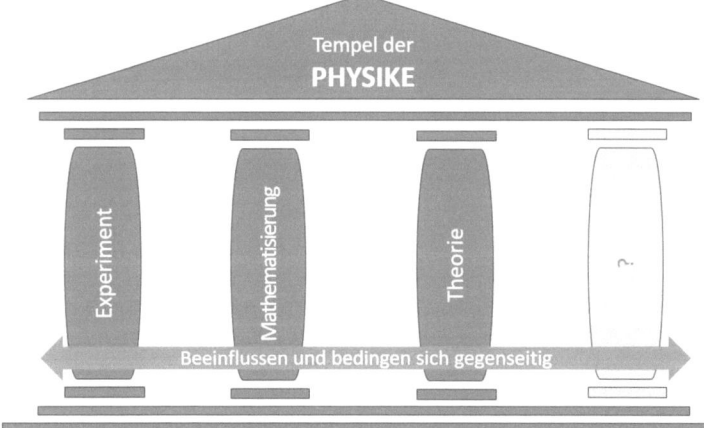

Abbildung 3.1: Tempel der Pysike

Die Säulen Experiment, Mathematisierung und Theorie sind Grundpfeiler der Physik (siehe Abb. 3.1), die Säule

---

[58] Jegliche Religion die einen transzendentalen Bezug hat ist metaphysisch, es gibt aber auch andere Metaphysiken, z. B. Schoppenhauers „Willes" Vorstellung.

mit dem Fragezeichen soll zeigen, dass es weitere Grundpfeiler gibt.

Gibt es Antworten auf diese Fragen? Die Fragen der Metaphysik sind A PRIORI[59] von den Religionen beantwortet worden, hier aber nicht in einem wissenschaftlich-philosophischen Zusammenhang, wenn dies überhaupt möglich ist, sondern aus einer dogmatisch-religiösen Sichtweise: ‚Es ist so, weil Gott oder die Götter es so wollten.'

Die Metaphysik ist im 20. Jahrhundert aufgrund ihrer Unwissenschaftlichkeit (metaphysische Spekulation) oft stark kritisiert worden. Aus dem Lager der Physik kommen aber auch Stimmen, die für eine unterschiedliche Betrachtung stimmen, unter anderem führt EINSTEIN[60] aus:

> „Ja glauben Sie denn, daß sich einfach alles auf naturwissenschaftliche Weise wird abbilden lassen können?"
> „Ja", meinte Einstein, „das ist denkbar, aber es hätte doch keinen Sinn. Es wäre eine Abbildung mit inadäquaten Mitteln, so als ob man eine Beethoven-Symphonie als Luftdruckkurve darstellte."
>
> M. Born [Bor1965, S. 300]

Welche Frageworte passen für die (Meta)physik? Wenn man Physik und Metaphysik auf zwei Frageworte zusammenfassen würde, wären es für die Physik **Wie** und für die Metaphysik **Warum**, also einmal die Frage nach der *Art und Weise* und einmal nach dem *Sinn und Grund*.

3.2 Begriffsdeutung

Was ist Physik? Die Frage ‚*Was ist Physik?*' ist beinahe so schwer zu beantworten wie die Frage nach dem, was Philosophie sei. Da Physik in unterschiedlichsten Zusammenhängen und Kontexten auftaucht, gibt es viele Auslegungsmöglichkeiten.

In den Bildungsstandards für das Land Niedersachsen ist folgendes enthalten:

---

[59] A PRIORI (lat. „vom Früheren her"), bezeichnet solches Wissen, welches von der Erfahrung unabhängig, bzw. vor der Erfahrungen existent ist.

[60] ALBERT EINSTEIN 1879-1955 theoretischer Physiker

*Die **Physik** stellt eine wesentliche Grundlage für das Verstehen natürlicher Phänomene und für die Erklärung und Beurteilung technischer Systeme und Entwicklungen dar. Durch seine Inhalte und Methoden fördert der Physikunterricht für das Fach typische Herangehensweisen an Aufgaben und Probleme sowie die Entwicklung einer spezifischen Weltsicht.*

Physik ermöglicht Weltbegegnung durch die Modellierung natürlicher und technischer Phänomene und die Vorhersage der Ergebnisse von Wirkungszusammenhängen. Dabei spielen sowohl die strukturierte und formalisierte Beschreibung von Phänomenen als auch die Erarbeitung ihrer wesentlichen physikalischen Eigenschaften und Parameter eine Rolle. Im Physikunterricht können die Schülerinnen und Schüler vielfältige Anlässe finden, die physikalische Modellierung natürlicher Phänomene zur Erklärung zu nutzen.

Somit wird im Physikunterricht eine Grundlage für die Auseinandersetzung der jungen Menschen mit naturwissenschaftlichen Themen und ihren gesellschaftlichen Zusammenhängen gelegt. Zudem leistet er einen Beitrag zu anderen Fächern und zur Vorbereitung auf technische Berufe bzw. weiterführende Bildungsgänge und ermöglicht damit ein anschlussfähiges Orientierungswissen.

[Bil2004, S. 6]

Im vorangegangenen Text fällt der enge Bezug zwischen Technik und Physik auf, der in der Schule hergestellt werden soll. Dem kritischen Betrachter drängt sich die Frage auf: *Ist das denn Physik?* Schon WAGENSCHEIN[61] kritisiert die Verwendung von Physik und Technik:

Gibt es einen Unterschied zwischen Physik und Technik?

Fragt man irgendeinen, nicht gerade einen Physiker, was Physik sei, und zwar nicht, wie es definiert, sondern

---

[61] MARTIN WAGENSCHEIN 1896-1988 Pädagoge und Fachdidaktiker

– an sein Unbewußtes appellierend –: wie ihm dabei zu-
mute ist, was ihm als ihr Inbegriff vor Augen steht, so
zeigt sich, daß merkwürdig viele dabei nicht an „Natur"
denken. Physik gehört anderswo hin. [...]

Die meisten denken heut wohl einfach an Technik. Wie
sehr beides ineinanderfließt zeigten Kataloge von Leih-
bibliotheken und Antiquariaten: Physik und Technik
stehen ineinander gemischt. Aber auch die Verfasser
von Schulbüchern lieben es, auf die Umschlagdeckel
Funktürme, Flugzeuge oder ein Elektronenmikroskop
zu setzen. ...

M. WAGENSCHEIN [Wag1962, S. 21]

Wagenschein behauptet, dass sich intuitive gesellschaftliche Vorstellungen zur Physik in drei Gruppen einteilen
lassen:

- Technik
- Apparate
- Formeln

Was ist Natur? Hier sehen wir also keine Natur. Es scheint, also ob *Natur*
etwas Anderes sei. Physik und Natur, das passt nicht zusammen. Eine weitverbreitete Meinung ist, dass Biologie
die Lehre der Natur sei und nicht Physik. Aus der oben genannten Bedeutung von Natur, welche eigentlich eine
Übersetzung des griechischen PHYSIS ist, lässt sich ableiten, dass NATURA ≙ PHYSIS bedeutet. *Physik ist das nicht*
vom Menschen Geschaffene. Das vom Menschen Gemachte
hingegen kann unter TÉCHNE[62] zusammengefasst werden. Die Technikbezogenheit der Physik kann aber zu einem Problem werden, denn Technik wird bei vielen als
etwas Unnatürliches angesehen. Es bändigt die Natur, es
macht sie beherrschbar. Der Mensch hat es – zumindest
in einigen Bereichen – durch die Technik geschafft, sich
selbst aus den Zwängen der Natur herauszunehmen. Doch

---

[62] TÉCHNE, gr. in der Ilias als "Können der Handwerker"; später als Verfahren und Methoden für jede Tätigkeit
bezeichnet.

ist Technik an vielen Problemen schuld, wie z. B. Verwendung von radioaktiven Materialien, Umweltverschmutzung durch Industrie, Auto und modernes Leben, aber auch Überbevölkerung durch verbesserte Lebensmittel und wirksame Medizin. Diese und viele weitere Punkte geben reichlich Diskussionsstoff für den ‚wissenschaftsethischen' Bereich, auf den im vorherigen Kapitel näher eingegangen wurde.

Auch die Bildungsstandards betonen den technischen Aspekt (technische Phänomene / technische Berufe), der eigentlich nichts mit Physik zu tun hat. *Technik ist etwas Anderes.* Auch aufgrund der teilweise vorhandenen Technikfeindlichkeit im Denken einiger Leute sollte Physik und Technik nicht unmittelbar zusammen verstanden und gelehrt werden.

Was ist Technik?

Dieser Ansicht ist auch WAGENSCHEIN:

> *Gewiß ist Physik nicht Technik. Der reine Forscher, etwa Faraday, will gar nicht Maschinen bauen. Aber die Sätze, die er sucht, bei denen er sich beruhigt, haben dennoch die Form: „Wenn – dann." Wenn ich dies tue, dann geschieht auch jenes. Es kommt also zu einer geistig-handwerklichen Beherrschung. Der Forscher will es wissen, was unter bestimmten, von ihm herstellbaren Umständen geschehen wird. Er will voraussagen, nachmachen, lernen. Damit hat er das Zeug zum Techniker in sich und um sich, wenn er nur will.*
>
> M. WAGENSCHEIN *[Wag1962, S. 22]*

3.3 Technik

Technik ist eine der entscheidenden Termini des 19. Jahrhunderts. Vor dem 19. Jahrhundert, also vor der industriellen Revolution, wird dieser Begriff nicht oder nur selten benutzt, dort ist das Gefertigte noch handwerklich, was wiederum die eigentliche Übersetzung von TÉCHNE (erzeugen/gebären) ist. Doch Technik meint nicht eine Technik des Handwerks, sondern eine Technik der Industrie, dessen Vertreter nicht der *Handwerker*, sondern der

Ab wann wird die Technik wichtig?

Techniker oder *Ingenieur* ist. Nimmt man die alte Bedeutung der Physik, als NATURAE, so steht die Technik der Physik diametral gegenüber. Physik und Natur werden aber nicht mehr gleichgesetzt, denn Physik ist nur **ein** möglicher Blickwinkel auf Natur. In ein Schaubild gegossen:

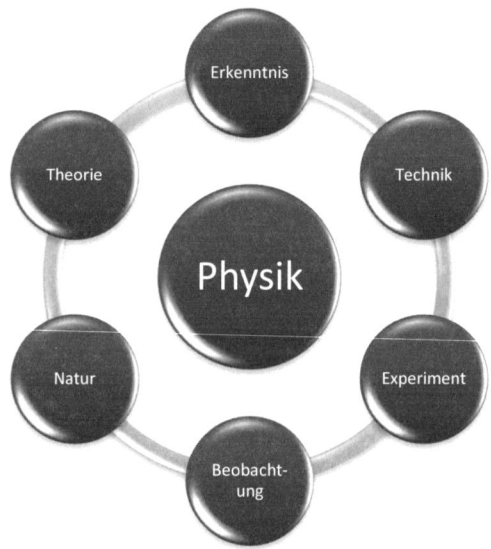

Abbildung 3.2: Dimensionen der Physik

Die Physik ist das Dogma der Technik. Oder anders: Alles was in der Technik vorkommt und noch vorkommen wird, ist in der Physik, - auch wenn vielleicht noch nicht erkannt/entdeckt - schon vorhanden.

$$T = f(P)$$

Die Technik ist eine Funktion der Physik.

3.4 Die Moderne Physik

Lässt sich die Physik unterteilen?

Als Moderne Physik lässt sich die Physik etwa ab MAXWELL[63] ansehen. 1861-1864 entwickelte und veröffent-

---

[63] JAMES CLERK MAXWELL 1831-1879 schottischer Physiker

lichte er die MAXWELL'schen Gleichungen, die eine adäquate Beschreibung elektromagnetischer Zusammenhänge zulassen. Die Aufspaltung der Wissenschaften vollzieht sich ebenfalls im 19. Jahrhundert. War man vorher noch Universalgelehrter, spaltet sich nun das Denken in seine Haupt- und Unterdisziplinen auf.

Klassisch teilen sich die Disziplinen z. B. in folgende Bereiche auf, wobei gesagt werden muss, dass es nur eine mögliche Einteilung ist. Dies ist sowohl viel weiter aufsplittbar, als auch anders einteilbar.

Diese Aufspaltung in einzelne Unterdisziplinen ist gerade in der heutigen Zeit nicht mehr so einfach haltbar, da sich sowohl die Disziplinen überschneiden, als auch oder besonders da es viele Hochzeiten mit anderen (natur-)wissenschaftlichen Bereichen, wie etwa Biophysik, physikalische Chemie, Materialwissenschaften, Bauphysik, etc. gibt. Die Verbindungen ergeben sich durch neue Problematiken und Forschungsfragen. Problematisch dabei ist, dass man sich in allen beteiligten Bereichen gut bis sehr gut auskennen muss. Möchte man z. B. in der Biophysik mitreden, so sollten sowohl in der Biologie als auch der Physik ausreichende Kenntnisse vorhanden sein. Die Verbindungen der Physik mag zwar den Unterricht bereichern (fächerverbindender und –übergreifender Unterricht), macht es aber für die Lehrerin oder den Lehrer schwieriger.

> Wie wird mit der Aufspaltung umgegangen?

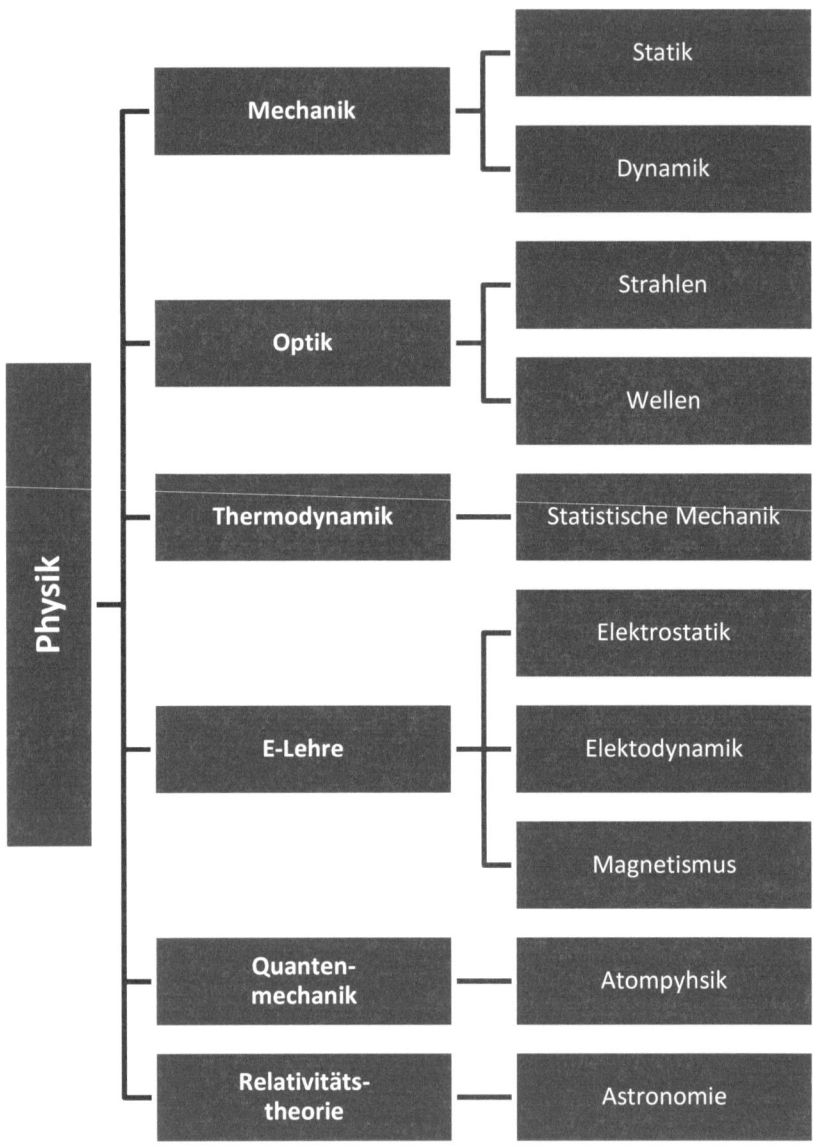

Abbildung 3.3: Mögliche Einteilung der Physik

4 Physikdidaktik

Unter Didaktik, vom gr. DIDÁSKEIN „lehren", kann die Lehre vom Lehren verstanden werden. Sie beschäftigt sich mit dem Lehren und Lernen und bezieht sich dabei meist auf Schule und Hochschule. Mit einem Fach verknüpft wird sie zur Fachdidaktik. Somit kann man unter Physikdidaktik die Wissenschaft vom Lehren und Lernen über Physik verstehen. Sie ist eine komplexe Disziplin, die abgesehen von den Hauptbestandteilen Physik, Pädagogik und Bildungsforschung auch philosophische, soziologische, psychologische u.a. Aspekte berücksichtigen muss. Das Lernen und Lehren von Physik ist selbstverständlich nicht nur auf die Schule beschränkt, sondern kann sich in jeder Lebenssituation wiederfinden, wie z. B. im Kindergarten, im Fernsehen, in der Familie, im Freundeskreis, im Betrieb, in Diskussionen und in anderen Bereichen.

Was versteht man unter Fachdidaktik?

4.1 ... aus der Sicht des Unterrichts

Aus der Sicht des Unterrichts lässt sich die Physikdidaktik vielleicht in acht Bereiche unterteilen (Idee von F. MIKELSKIS, entnommen aus [Mik2006] unter Berücksichtigung von [Wag1962]).

1. **Natur:**

   Physik reduziert die Natur auf wenige wirkende Prinzipien und macht Natur in ihrer Gesamtheit einfach erfahrbar. Hierbei geht es sowohl um das Erkennen der Regelhaftigkeit und der Gesetzmäßigkeit der Natur, aber auch um die Aufklärung über Prozesse in der Natur, wobei das Verhältnis Natur – Mensch – Technik immer wieder überdacht werden sollte. Physik kann helfen, die Natur zu verstehen, aber auch, sie zu bewältigen.

2. **Technik:**

   Technik kann als Einstieg in physikalische Themen dienen, besser ist aber der Einstieg über das Erstaunen über Natur und Naturvorgänge (siehe hierzu im Kapitel Interesse). Physik und Technik werden zwar oft zusammengedacht, sind aber sich gegenüberstehende Begriffe.

3. **Alltagswelt:**

Physik wird meist als reine Wissenschaft angesehen, doch stammen die gestellten Fragen in der Wissenschaft Physik aus der Beobachtung der Natur. Es ist sinnvoll Bezug auf solche Beobachtungen zu nehmen und die Alltagswelt als Motivation zur Beschäftigung mit physikalischen Aspekten zu nutzen. Physikunterricht sollte immer wieder auf die Erlebniswelt der Lernenden eingehen, um so eine Verknüpfung zwischen physikalischen Konzepten und alltäglichen Phänomenen herstellen.

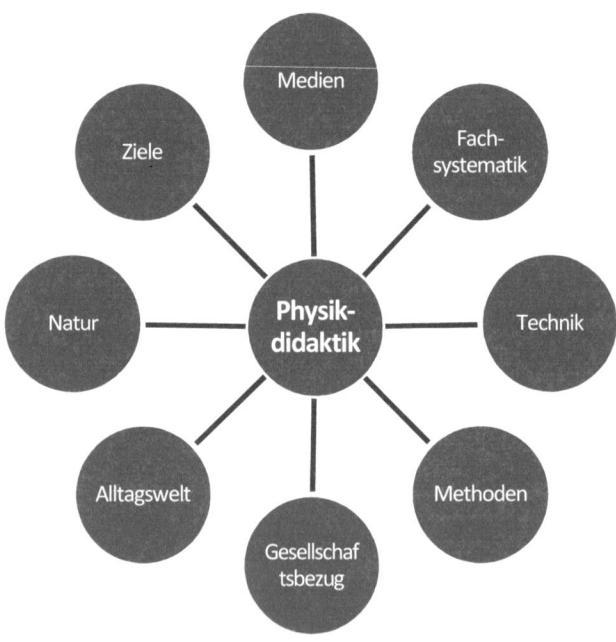

Abbildung 4.1: Dimensionen der Physikdidaktik

4. **Fachsystematik:**

Physikunterricht muss sowohl die Systematik der Fachwissenschaft einbeziehen, um grundlegende wissenschaftliche Konzepte zu erlangen, als auch versuchen, einen Kanon an physikalischem Wissen zu vermitteln. Dabei ist es ratsam, sich an der Alltags- und Gesellschaftswelt zu orientieren, damit der Lernende einen Bezug aufbauen kann.

5. **Gesellschaftsbezug:**

   Bei der Verflechtung von Physik und Gesellschaft wird man möglicherweise erst einmal keine große Verkettung erwarten. Unter der Berücksichtigung der Historie ergeben sich aber vielfältige Auswirkungen neuer physikalischer Erkenntnisse auf die Gesellschaft, z. B. Änderung des Weltverständnisses (Kopernikus, Einstein), aber auch Änderungen gesellschaftlichen Lebens über das Medium Technik, angefangen von der Armbrust, die das Ende der Ritterzeit einläutete, bis hin zur heutigen Informationsgesellschaft (Computer, Handy, Navigation, u.v.m.). In der heutigen Zeit werden die Kenntnisse der Physik in der Gesellschaft immer wichtiger, z. B. in Bezug auf die Energieproblematik.

6. **Medien:**

   Die Darstellung der Physik über die Medien sollte sich sowohl an der Vielfalt der vorgegebenen Materialien orientieren, als auch an dem Umfeld der Lernenden. Bei der Auswahl sollten lernpsychologische und motivationale Aspekte berücksichtigt werden. Wichtig ist hierbei ein ausgewogener Mix aus den unterschiedlichen Angeboten, der dem Lehrenden und Lernenden gleichermaßen zuspricht. Außerdem sollte man beachten, dass sowohl abwechslungsreich als auch zielgerichtet ausgewählt wird.

7. **Methoden:**

   Einerseits benutzt der Physikunterricht natürlich die Methoden der Wissenschaft Physik, um wissenschaftliche Denk- und Arbeitsweisen zu vermitteln. Andererseits ist das Inventar um lernpsychologische und sozialwissenschaftliche Arbeitsweisen erweitert, damit nicht nur physikalisches Wissen, sondern auch andere Kompetenzen vermitteln werden können.

8. **Ziele:**

Physikunterricht sollte Zusammenhänge in der Natur aufzeigen, aber auch Grundkonzepte wissenschaftlichen Denkens vermitteln. Der Bezug zu anderen Denkgebieten darf nicht vernachlässigt werden. Beim Wechsel in andere Bereiche sollte darauf hingewiesen werden, dass die eigentliche Physik verlassen wird. Dies ist sehr wichtig, um Assoziationsketten zu verknüpfen, damit die Lernenden einen (emotionalen) Bezug bekommen und Physik nicht nur als Laborsystem ansehen.

Was sollte immer berücksichtigt werden?

Eines der wichtigsten Dinge ist, dass man den Lernenden nicht den Spaß und die Freude an der Wissenschaft im Allgemeinen und im Besonderen an der Physik verdirbt.

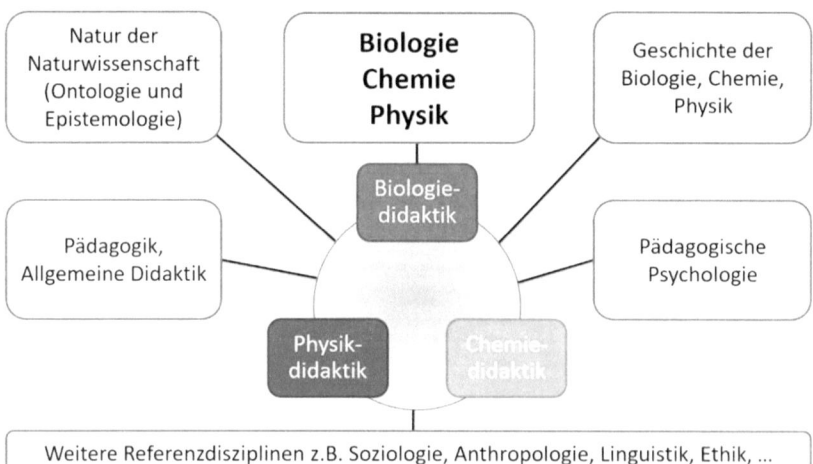

Abbildung 4.2: Bezugsdisziplinen [vgl. KrüParSch2014]

4.2 ... aus Sicht der Forschung

Fachdidaktische Forschung ist sehr vielseitig und kann sich mit unterschiedlichen Themen und Bereichen beschäftigen. Im Folgenden sind einige Ideen aufgegriffen, die/welche beschreiben sollen, worin sich die Forschung bewegt.

Physikdidaktik[64] ...

1. *betreibt Rekonstruktion von Fachsystematik.*
2. *bearbeitet das Verhältnis des Menschen zur Natur.*
3. *setzt sich mit techn. Entwicklungen auseinander.*
4. *reflektiert gesellschaftliche Entwicklungen.*
5. *stellt Lebenswelt- und Alltagsbezug her.*
6. *beschreibt Bildungsziele.*
7. *entwickelt ein spezifisches Methodeninventar.*
8. *entwickelt, analysiert und kritisiert Medien.*
9. bearbeitet das Verhältnis des Menschen zur Technik.
10. untersucht Unterricht in Schule und Hochschule.
11. betreibt fachdidaktische Lehr- und Lernforschung und wendet ihre Ergebnisse an.
12. verliert den Blick zu angrenzenden Wissenschaften nicht und integriert ihre Erkenntnisse in das eigene Forschungs- und Lehrkonzept.
13. entwickelt neue Zugänge zum-Fach und schafft (geprüftes) Lehr- & Lernmaterial

Die Forschung in den Naturwissenschaftsdidaktiken hat sich als eigenes Feld etabliert und eigene Methoden herausgebildet. Sie hat sich aus den Fachdisziplinen, der Lernpsychologie, sowie auch aus der Bildungsforschung emanzipiert. In Abbildung 4.3 sind mögliche Forschungsfelder dargestellt.

---

[64] Die ersten acht Ideen sind entnommen aus [Mik2006] und [Mik2009].

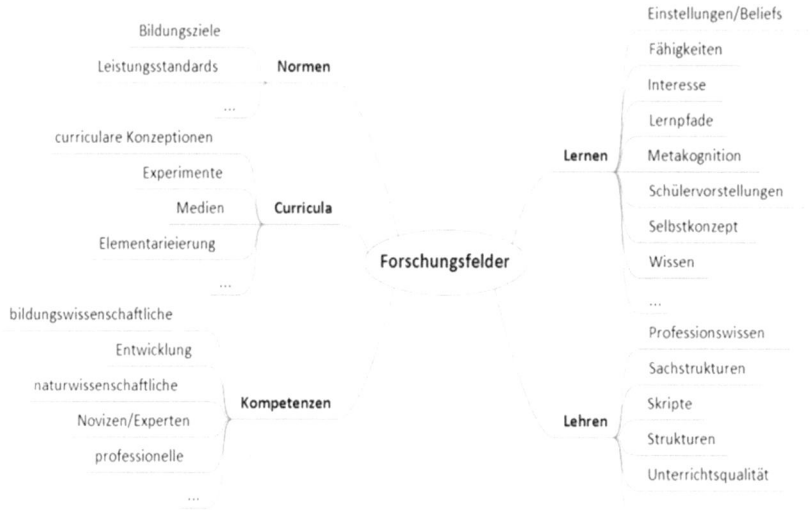

Abbildung 4.3: Fachdidaktische Forschung [vgl. SchParKrü2014]

Weiterführendes (finden Sie) in dem von D. KRÜGER, I. PARCHMANN & H. SCHECKER herausgegebenem Buch *Methoden in der naturwissenschaftsdidaktischen Forschung.*

Die in den Fachdidaktiken vorkommenden Didaktikerinnen und Didaktiker können mit Hilfe von drei Grundtypen und deren Mischungen beschrieben werden (siehe Abb. 4.4).

Wie lassen sich die Typen zuordnen? Der erste Archetyp lässt sich der Fachwissenschaft zuordnen. Hier geht es vor allem um die Elementarisierung der Physik. Es werden großteils Experimente und sachstrukturierte Unterrichtsmaterialien entwickelt. Die Qualifikation wurde überwiegend im Fach erworben.

Der zweite Grundtyp kommt meistens aus der Schule und hat viel Erfahrung in der Schulpraxis.

Der dritte Archetyp kann der Lernforschung zugeordnet werden. Oft wurde die Qualifikation in der Bildungswissenschaft oder Didaktik erworben. Die Kenntnisse im Bereich der bildungs- und sozialwissenschaftlichen Forschungsmethoden sind meist hoch.

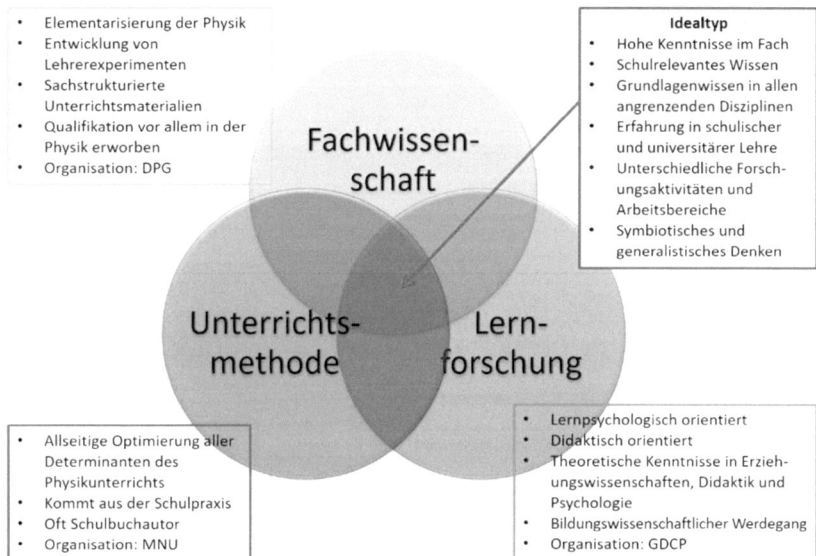

- Elementarisierung der Physik
- Entwicklung von Lehrerexperimenten
- Sachstrukturierte Unterrichtsmaterialien
- Qualifikation vor allem in der Physik erworben
- Organisation: DPG

Idealtyp
- Hohe Kenntnisse im Fach
- Schulrelevantes Wissen
- Grundlagenwissen in allen angrenzenden Disziplinen
- Erfahrung in schulischer und universitärer Lehre
- Unterschiedliche Forschungsaktivitäten und Arbeitsbereiche
- Symbiotisches und generalistisches Denken

Fachwissenschaft

Unterrichtsmethode

Lernforschung

- Allseitige Optimierung aller Determinanten des Physikunterrichts
- Kommt aus der Schulpraxis
- Oft Schulbuchautor
- Organisation: MNU

- Lernpsychologisch orientiert
- Didaktisch orientiert
- Theoretische Kenntnisse in Erziehungswissenschaften, Didaktik und Psychologie
- Bildungswissenschaftlicher Werdegang
- Organisation: GDCP

Abbildung 4.4: Typen von (Physik-) Didaktikerinnen und Didaktikern

Der Idealtyp lässt sich als eine Mischung aus allen drei Archetypen verstehen. Er hat Kenntnisse im Fach und in den angrenzenden Disziplinen (siehe Abb. 4.2). Er ist in der schulischen sowie in der universitären Lehre erfahren. Seine Forschungsaktivitäten sind breit gestreut und sein Denken ist symbiotisch und generalistisch.

Existiert ein Idealtyp?

5 Von der Beobachtung zur Theorie

5.1 Allgemeines

Die hier dargestellte Gegenüberstellung von experimenteller und theoretischer Herangehensweise an ein physikalisches Problem am Beispiel des Pendels ist kleinschrittig und mit allen Rechnungen angegeben, um ein Nachvollziehen zu erleichtern.

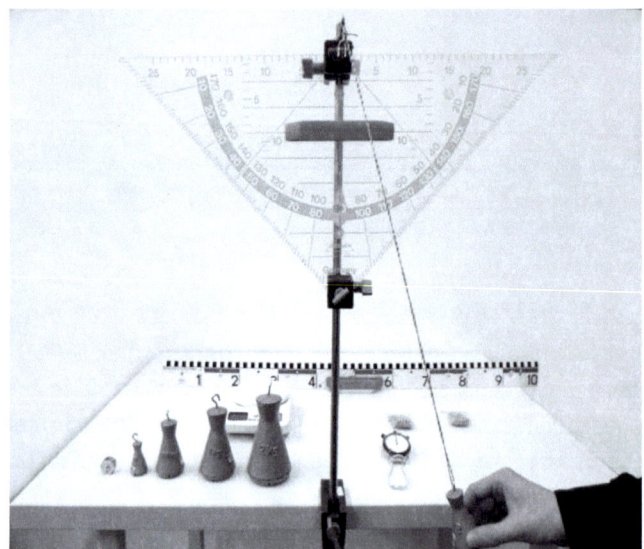

Abbildung 5.1: Pendel mit allen nötigen Gerätschaften

Wie lässt sich das in den Unterricht einbauen?

Es gibt unterschiedliche Möglichkeiten dies in den Unterricht einzubauen. Es hat sich als sehr erfolgreich erwiesen, den experimentellen Weg von den Schülerinnen und Schülern selbstständig durchführen zu lassen: von der Aufstellung der Fragen über das Erstellen eines Graphen bis hin zur mathematischen Modellierung. Also als eigenständigen Versuch, den die Schülerinnen und Schüler selbstständig planen, durchführen und auswerten. Die mathematische Modellierung kann entweder durch ein Fit-Programm, einen grafikfähigen Taschenrechner oder durch eine Linearisierung bewerkstelligt werden. Der Pendelversuch ist eine gute Einführung in das Gebiet

Schwingungen und Wellen, welches z. B. in Niedersachsen nach dem Thema Wechselstrom aufgegriffen wird [Imp2010, S. 91], um dann in das Thema Wellen und Licht überzuführen. Der theoretische Weg ist höchstwahrscheinlich schwierig zu verstehen und sollte von Ihnen möglichst langsam und ausführlich durchgeführt werden. Es geht hier nicht darum, dass Schülerinnen und Schüler jeden einzelnen Schritt verstehen, sondern dass sie einmal die Herangehensweise in der theoretischen Physik sehen und erkennen, dass beide Wege zu einem ähnlichen Ergebnis führen.

Die Planung der Stunden könnte wie folgt ablaufen:

Wie könnten die Schulstunden aussehen?

1. Doppelstunde: Versuch

- Vorstellen des Pendels. Es hat sich als gut erwiesen, so etwas wie den Kerzenleuchter oder eine Pendeluhr als Beispiel zu nehmen, ein anderes Pendel aus dem Alltag wäre auch denkbar z. B. Schaukel oder Riesenschaukel (Videoclip 1 sehr spektakulär [You2012] Videoclip 2 [You2011] durch die Helmkamera kann man den Wendepunkt und die maximale Geschwindigkeit gut erkennen).

- Hinführung z. B. über eine Frage: Von was hängt die Schwingungsdauer ab?

- Schülerversuch:
  Entweder man gibt vor, was gemessen werden soll oder lässt die Schülerinnen und Schüler selbstständig den Versuch entwerfen (hat sich im Test als praktikabel erwiesen). Genügend Materialien wie Faden, Aufhängungen, Stangen und Halterungen, Winkelmesser (gut mit einem großen Tafelgeodreieck zu bewerkstelligen), Stoppuhren und unterschiedliche Gewichte sollten in ausreichender Anzahl vorrätig sein. Die völlige Selbstständigkeit hat den Schülerinnen und Schülern im Testunterricht viel Spaß bereitet.

- Bei einem vorgegebenen Versuch wird die Durchführung ungefähr 45 Minuten dauern, bei einem freien Versuch einiges mehr. Die Zeit sollte aber nach Möglichkeit gegeben werden, da hier eigenes Denken, Planen, Herangehen, Messen, Aufnehmen und Auswerten geübt werden kann.

2. Doppelstunde: Auswertung

- Die Auswertung des Versuches erfolgt über mehrere Schritte. Vom Aufstellen einer Aussage, über das Zeichnen eines Graphen, bis hin zur mathematischen Interpretation des Graphen. Das Fitten kann durch ein Computerprogramm, eine Linearisierung oder einen Graphikfähigen Taschenrechner erfolgen.
- Formulieren eines Ergebnisses

3. Einzelstunde: Theoretische Herangehensweise

Dies ist ein etwas heikles Unterfangen, da die Mathematik, die man dafür braucht, das Schulniveau meist ein wenig übersteigt. Es geht auch nicht darum, den mathematischen Teil vollständig nachzuvollziehen, sondern darum zu zeigen, dass man aus zwei völlig unterschiedlichen Herangehensweisen zu einem ähnlichen Ergebnis kommt. Damit Schülerinnen und Schüler begreifen, dass es in der Physik unterschiedliche Ansätze zum Lösen eines Problems gibt und bei beiden die Mathematisierung eine wichtige Rolle spielt. Es ist wichtig darauf zu achten, dass die Schülerinnen und Schüler bei der Herleitung nicht den Faden verlieren.

- Zeichnung zur Ermittlung der Bewegungsgleichung
- Gleichsetzung der Formeln und Aufstellen einer DGL
- Schwingungsansatz als eine Lösung
- Formulierung eines Ergebnisses
- Vergleich zwischen der Formel aus der Messung und der Formal aus der Theorie

- Entweder überprüfen der Formel an einem (sehr) langen Faden oder Rechnen einer Aufgabe in der die Formel benutzt wird (z. B. Wie lange ist das Seil bei Videoclip [MyV2007]?) oder dem Aufbau eines Foucaultsches Pendel.

Didaktischer Einschub:

Obwohl das Experiment auf den ersten Blick unspektakulär und langweilig wirkt, ist es dennoch möglich ein wenig Spannung und Verblüffung einzubauen. Falls Sie dieses Experiment einmal nicht als Schüler-, sondern als Lehrerversuch verwenden wollen, sollten Sie, wenn es zur Vorführung kommt, darauf achten, dass Sie die Fragen in der hier gestellten Reihenfolge stellen, also zuerst die Masse, dann die Auslenkung und erst am Ende die Fadenlänge ändern. Denn wenn Sie zwei Gewichte mit z. B. 6 g und 2000 g wählen und vorher fragen, ob dieses die Pendellänge beeinflusst, werden Ihnen die meisten Zuschauer dies mit „Ja, das Gewicht macht etwas aus." beantworten. Doch im Rahmen der Messgenauigkeit werden Sie keinen Unterschied feststellen. Ebenso können Sie beim Auslenkungswinkel vorgehen, hier eignen sich z. B. ein Winkel von 5° und 70°. Sie haben dann ihre Zuschauer so verblüfft, dass wenn Sie jetzt die Fadenlänge verändern und vorher fragen, ob diese etwas ausmacht, viele sagen werden: „Nein, dies macht nichts aus.". Aber genau dies ist der Faktor (Pendellänge), der für die Schwingungsdauer verantwortlich ist. Vielleicht haben Sie es durch die emotionelle Verwirrung geschafft, dass sich Ihre Zuhörerinnen und Zuhörer den Zusammenhang merken. Denn über die Verblüffung schaffen Sie eine emotionale Verbindung, die für das Behalten von Gelerntem entscheidend wichtig ist [Roth2007] und [Roth2006].

5.2 Beobachtung

Was ist das physikalische Besondere an einem Kronleuchter?

Eine Anekdote über GALILEIS Entdeckung des Pendels[65]:

Während des Besuches einer Messe im Dom zu Pisa (1583) beobachtet GALILEI[66] einen hin- und herpendelnden Kronleuchter. Eine Beobachtung, die sicher schon viele vor ihm gemacht haben, aber sein Interesse gilt hierbei weder dem Anblick des kostbaren Materials oder der künstlerischen Gestaltung, noch der filigranen Verarbeitung. Er beobachtet die Bewegung des Leuchters. Er erfasst, dass Ausschläge von links nach rechts mit der Zeit immer kleiner werden, bis sie zur Ruhe kommen. Eine Beobachtung, die wir alle einmal in ähnlicher Weise gemacht haben.

Aber Galileis „forschender" Blick erkennt mehr bei dieser Bewegung. Obwohl das Hin- und Herpendeln kleiner wird, somit ebenfalls der zurückgelegte Weg, scheint die Zeit bei der Bewegung gleich zu bleiben. Die Anekdote besagt, dass er für das Messen der Zeit seinen Herzschlag gebraucht hat. Für kurze Zeitintervalle kann der Ruhepuls die Funktion einer Uhr übernehmen.

Abbildung 5.2: Illustration des galiläischen Pendelversuchs

---

[65] von VINCENZO VIVIANI 1622-1703 Schüler GALILEIS

[66] GALILEO GALILEI 1564-1642 Astronom, Philosoph, Mathematiker und Physiker

An dieser Anekdote kann eine grundlegende Herangehensweise in der Physik erkannt werden, das **Beobachten**. GALILEI beobachtet hier eine Alltäglichkeit, aber nicht in ihrer Alltäglichkeit, sondern in der ihr innewohnenden Besonderheit. Er lässt sich dabei nicht von der *MAYA*[67] täuschen, sondern geht dem Wesentlichen auf den Grund.

5.3 Idealisierung

Bei der Pendelbewegung gibt es eine Vielzahl von interessanten Erscheinungen, doch muss für die Erfassung des Wesentlichen aus dieser Vielheit das herausgezogen werden, was von Interesse ist und dieses gezielt vereinfacht werden.

Wie lässt sich das Wesentliche finde?

Die Abbildung 5.2 kann als künstlerische Idealisierung gelten. Hier wird der Kronleuchter (links oben im Bild) zum Fadenpendel idealisiert. Es wird der Übergang von einer verwinkelten Naturerscheinung zu einer vereinfachten experimentellen Anordnung gezeigt. Der Kronleuchter ist zu einem Pendel zusammengeschrumpft, die Kette, an der er hängt, zu einem fast masselosen Faden stilisiert. Der Künstler lenkt die Aufmerksamkeit in das symbolische Zentrum des Bildes, in dem scheinbar ein Herz am Faden hängt[68].

5.4 Physikalische Begriffsbildung

Die Sprache hat in der Physik ein ähnliches Problem wie in allen anderen Denkrichtungen auch. Ohne die physikalischen Fachbegriffe beschreibt man Vorgänge und Beobachtungen in unserer Alltagssprache. Fachbegriffe fassen Inhalte zusammen und sind präziser als die Alltagssprache. Es sollte aber klar sein, dass die Sprache der Physik immer in der Natur vorkommende Sachverhalte enthält und somit der Rücktransport der Begriffe in

Welche Begriffe braucht man zur Beschreibung?

---

[67] MAYA: indische Göttin der Illusion, manchmal auch mit der Materie oder dem Materiellen gleichgesetzt. BUDDHA wird unter dem Bodhi-Baum das letzte Mal von der MAYA zu verführen versucht, doch er kann ihr widerstehen und erlangt die Erleuchtung.

[68] „Das Herz geben" ist die ungefähre Übersetzung von lat. „CREDERE", was so viel wie „glauben" bedeutet. Glauben hat in der altdeutschen Bedeutung in etwa den Sinn: „sich etwas lieb oder vertraut machen".

die Alltagswelt jederzeit möglich sein sollte. Der Abstraktionsgrad ist in beiden Richtungen offen.

Die in unserem Beispiel passenden Fachwörter sind: *Fadenpendel, Pendellänge, Masse, Auslenkungswinkel, usw.*

5.5 Formulierung einer Frage

Was möchte man wissen?

Aus der Beobachtung des Alltags kann über die Idealisierung und mittels der Beschreibung durch fachsprachliche Begriffe eine Fragestellung formulierten werden.

Für dieses Beispiel wäre es: *Von welchen Faktoren hängt die Schwingungsdauer ab?*

5.6 Hypothesenbildung

Was sind die beteiligten Faktoren?

In der Hypothesenbildung werden die beteiligten Faktoren mittels unterschiedlichster Methoden ermittelt und ihre Abhängigkeit zueinander bestimmt. In der entstehenden Hypothese werden diese Faktoren aufgenommen und gegebenenfalls mit einer vermuteten Erklärung versehen. Während der Hypothesenbildung kann es auch zu einer Verfeinerung der Fragen kommen, da sich nicht immer zu überprüfende Aussagen finden lassen.

In unserem Beispiel wäre folgende Fragestellung denkbar:

Welche Einflüsse gibt es auf die Pendeldauer?

- Masse
- Pendelausschlag, Ablenkungswinkel
- Pendellänge

Können wir auf Grund von Überlegungen oder Beobachtungen jetzt schon eine Vermutung aufstellen?

5.7 Experimentelles Herangehen

Welches sind die geeigneten Experimente?

Das experimentelle Herangehen an das geschilderte Problem ist wesentlich anders als das theoretische. In einem Experiment wird versucht, die möglichen Parameter zu ergründen und diese einzeln zu variieren. Es ist ein eher induktiver Weg, da erst Einzelbeobachtungen gemacht werden die dann induktiv zu einem allgemeinen Ergebnis führen sollen. Wichtig zu beachten ist, dass man nach der Datenerhebung durch ein Experiment nicht stehen bleibt, sondern die Daten in einem richtigen Maß aufträgt und dann interpretiert. Wenn man von der Erhebung (empirisch) in die Interpretation (rational) übergeht, wechselt man aus Sicht der Epistemologie (gr. ÉPISTÉME „Wissen, Wissenschaft, Erkenntnis") vom Empirismus in den Rationalismus. Dieser Wechsel wird von vielen nicht berücksichtigt, ist aber philosophisch entscheidend. Der experimentelle Weg kann als induktiv angesehen werden.

5.7.1 Experimentelle Datenerhebung

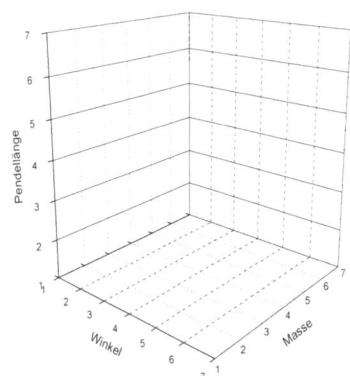

Abbildung 5.3: Variationsmöglichkeiten beim Fadenpendel

Im experimentellen Strang wird im Anschluss an die Hypothesenbildung durch Experimente versucht, die aufgestellte Hypothese zu bestätigen oder zu widerlegen. Hierzu werden geeignete Versuche entwickelt, in denen alle wichtigen Faktoren *einzeln variiert* oder *die Variablen getrennt werden können* [69]. Hierbei ist zu beachten, dass Fehlerquellen im Voraus bedacht und minimiert werden.

Im Fall des Pendels werden somit in der experimentellen Überprüfung die drei Faktoren *Masse, Winkel* und *Pendellänge* variiert [70]. Die Abbildung 5.3 zeigt die dazugehörige Messmatrix. Empirisch korrekt müsste man jede Zelle einzeln ausfüllen, um vollständige Gewissheit zu haben.

---

[69] Sie müssen hierfür linear unabhängig voneinander sein.

[70] Es sollte den Schülerinnen und Schülern aber auch möglich gemacht werden, Faktoren zu variieren, die sie als wichtig ansehen (falls dies möglich ist).

Die Zahlen 1 bis 7 stehen nicht direkt für den Zahlenwert, sondern für Platzhalter, also Winkel 1 entspricht **x** in °, Masse 1 **y** in kg und Pendellänge 1 **z** in m; es sind Nummerierungen für die Zellen, die kombiniert werden können. In diesem Fall sind es 7 · 7 · 7 Kreuzungspunkte, was eine Anzahl von 343 Kombinationsmöglichkeiten ergibt.

Lassen sich alle Fälle messen?

Es ist aber schnell ersichtlich, dass so viele Einzelexperimente aller Kombinationen nicht machbar sind, denn es sind selbstverständlich nicht 7 · 7 · 7, wie in diesem Beispiel, sondern beliebig viele · beliebig viele · beliebig viele. Deshalb ist man gezwungen, Verallgemeinerungen vorzunehmen und eine geplante und begründete Anzahl von Experimenten durchzuführen. Durchgeführte Experimente können oder sollten wiederholt werden, um zu prüfen, ob sie ähnliche Werte liefern (Reproduzierbarkeit).

Was muss bei den Messungen berücksichtigt werden?

Eine Messgröße wird geändert, die anderen werden konstant gehalten. Falls die Masse geändert wird, bewegt man sich entlang der Massenachse (Masse 1, 2, 3, 4, 5, 6, 7), die beiden anderen Faktoren (Winkel 1 und Pendellänge 1) werden konstant gehalten, um die Abhängigkeit der Pendeldauer von der Masse zu untersuchen.

<u>Ausgangsfrage:</u> *Beeinflusst die Masse die Pendeldauer?*

Nachdem herausgefunden wurde, ob die Masse die Pendeldauer beeinflusst, verfährt man mit dem Auslenkungswinkel ebenso. Der Winkel ist jetzt zu variieren und die Masse und die Pendellänge sind konstant zu halten.

<u>Ausgangsfrage:</u> *Beeinflusst die Auslenkung die Pendeldauer?*

Als letztes variiert man die Pendellänge und hält die Masse und die Auslenkung konstant.

<u>Ausgangsfrage:</u> *Beeinflusst die Pendellänge die Pendeldauer?*

Nach Durchführungen diverser Messungen ergibt sich ein gemitteltes Ergebnis bei 10 Einzelmessungen pro Länge von:

Länge *l* in m	0,0625	0,125	0,25	0,5	1	1,25	1,5	2	2,25	2,5
Zeit *t* in s	0,71	0,9	1,16	1,53	2,1	2,51	2,72	3,29	3,42	3,55

Tabelle 5.1: Messwerte des Fadenpendels bei $m = 250$ g und $\varphi = 10°$

5.7.2 Aufstellung eines Ergebnisses

Nachdem entsprechende Experimente durchgeführt wurden, sollte es eine Ergebnissicherung geben, also eine Aussage formuliert werden, die die wesentlichen Erkenntnisse qualitativ widergibt. Hierbei kann die Formulierung auch eine Tendenz aufzeigen.

Im Fall des Pendels:

Die Dauer der Pendelschwingung ist nicht von der Masse oder der Auslenkung abhängig. Die Messungen zeigen, dass sie von der Pendellänge abhängig ist. Je länger die Pendellänge, desto länger die Pendeldauer.

Was wurde bis jetzt herausgefunden?

5.7.3 Fehlerbetrachtung

Eine physikalische Messung ist immer mit einem Fehler behaftet. Daher ist es nicht sinnvoll, Messergebnisse mit beliebiger Exaktheit anzugeben (beliebig große Anzahl von Ziffern nach dem Komma). Eine allgemeine Konvention ist hier, dass die letzte Stelle die Unsicherheit der Messung angibt. Um dies zu verdeutlichen ein Beispiel: $t = 5,3 \pm 0,2$ s entspricht der Vorgabe, es gibt eine Nachkommastelle, da der Fehler *0,2* s entspricht. Falsch wäre es $t = 5,37582154 \pm 0,2$ s anzugeben, da hier der Fehler größer als der exakte Messwert ist und die vielen Stellen hinter dem Komma im Fehlerintervall sinnlos sind.

Wurde etwas falsch gemacht?

Welche Fehler können auftreten?

- Systematische Fehler
- Statistische Fehler / Messfehler
- Analytische Fehler

Systematische Fehler:

Systematische Fehler können sehr viele Ursachen haben, z. B. ein verschobener Nullpunkt, ein falsch kalibriertes Messgerät, eine Störung, die die Messung beeinflusst usw. Diese Art von Fehler, die immer zumindest qualitativ analysiert werden sollte, kann z. B. durch eine gute Versuchsdurchführung (sehr gute Messapparaturen) wenn auch nicht völlig vermieden, so doch vernachlässigt werden.

Im Beispiel des Pendels ist es möglicherweise das falsche Ablesen der Pendellänge (statt der Strecke vom Aufhängepunkt zum Messmittelpunkt wird lediglich die Fadenlänge gemessen).

Einschub:

Die Messung des Pendeldurchganges kann durch zwei ausgezeichnete Möglichkeiten geschehen. Einmal der Nulldurchgang (Geschwindigkeit des Pendels maximal, bzw. die kinetische Energie maximal) oder der Wendepunkt (Geschwindigkeit des Pendels minimal, bzw. die potenzielle Energie maximal). Exakter ist der Nulldurchgang, da es sich um einen festen Punkt handelt. Beim Zählen von mehreren Pendelschwingungen kann es aber beim Nulldurchgang jedoch schneller zu Fehlzählungen kommen, da das Pendel pro Schwingung den Nulldurchgang zweimal passiert. Aus vielen Versuchen hat sich ergeben, dass die Wahl welchen Punkt man zum Zählen nimmt, sich nicht auf das Ergebnis auswirkt, deshalb wird der Wendepunkt (Geschwindigkeit des Pendels minimal) als Empfehlung gegeben.

Um den Start-Stopp-Fehler zu minimieren, scheint es sinnvoll, nicht nur eine Schwingung zu zählen. Die Wahl der Schwingungsanzahl pro Messung sollte gut kopfrechenbar sein und bei allen Messungen gleich gehalten werden (z. B. 2, 5, 10). Als Faustregel kann gelten: je höher die Anzahl, desto genauer das Ergebnis (hierbei sollte aber zwischen Messaufwand und Ergebnisverbesserung abgewogen werden).

Statistische Fehler:

Bei naturwissenschaftlichen Messungen kommt es meist vor, dass auch bei gleicher Anordnung und gleichen Bedingungen die ermittelten Werte unterschiedlich sind. Dies lässt sich im statistischen Fehler zusammenfassen.

Wie genau ist die Messung?

Um zu sehen, ob das Experiment reproduzierbar ist und um eine statistische Fehlerbetrachtung durchführen zu können, sollte der Versuch bei denselben Bedingungen mehrfach durchgeführt werden. Als Faustregel kann ebenfalls gelten, dass der statistische Fehler umso kleiner wird, je mehr Messreihen aufgenommen werden (hierbei ist wieder der Messaufwand zu berücksichtigen).

Wird ein Wert M n-mal gemessen so ergibt sich sein arithmetisches Mittel $\overline{M}$ zu

$$\overline{M} = \frac{1}{n} \cdot \sum_{i=1}^{n} M_i.$$

Die Standardabweichung benutzt man zur Beurteilung der Streuung S der Einzelmesswerte um den Mittelwert

$$S = \sqrt{\frac{1}{n-1} \cdot \sum_{i=1}^{n} \left(M_i - \overline{M}\right)^2}.$$

Der mittlere Fehler des Mittelwertes ergibt sich aus dem Fehlergesetz zu

$$\Delta M = \frac{S}{\sqrt{n}} = \sqrt{\frac{1}{n \cdot (n-1)} \cdot \sum_{i=1}^{n} \left(M_i - \overline{M}\right)^2}.$$

Der Messwert kann jetzt mit seinem absoluten Fehler angegeben werden

$$M = \overline{M} \pm \Delta M.$$

Der relative Fehler γ wird oft als Güte angegeben,

$$\gamma = \left|\frac{\Delta M}{M}\right| \qquad \gamma_\% = 100 \cdot \gamma,$$

die meist einer Prozentangabe entspricht.

Die Standardabweichung S konvergiert mit Anzahl n der Messungen gegen einen konstanten Wert. Will man die

Güte einer Messung verbessern, so gilt folgende Faustregel: *Um den mittleren Fehler einer Messgröße zu halbieren, muss man die Zahl der Einzelmessungen vervierfachen.*

Gibt es unterschiedliche Messgrößen, aus denen eine weitere Größe berechnet werden soll, so sollte das Fehlerfortpflanzungsgesetz berücksichtigt werden.

Analytische Fehler

Wurde etwas falsch gedacht?

Unter analytischen Fehlern kann man die Fehler zusammenfassen, die durch Darstellung und Interpretation auftreten.

Falls man die Messung in ein Diagramm einträgt, kann es vorkommen, dass sie mit einem linearen Zusammenhang in Verbindung gebracht werden. Er ist aber nicht linear, wie gleich ersichtlich wird.

5.7.4 Graphische Darstellung und Auswertung

Wie stellt man die gewonnenen Daten da?

Nachdem eine qualitative Formulierung aufgestellt wurde sollte überprüft werden, ob sich die Messungen auch in einem Graphischen Zusammenhang darstellen lassen.

Hierzu trägt man die ermittelten Zeiten für verschiedene Längen in einem xy-Diagramm ein.

In Abbildung 5.5 lässt sich erkennen, dass es nur sehr wenig Streuung der Messwerte gibt, da die Fehlerbalken kaum zu erkennen sind. Zusammengefasst und mit Fehlerbalken sieht das Ergebnis wie folgt aus (alle Werte sind über 10 Messungen gemittelt).

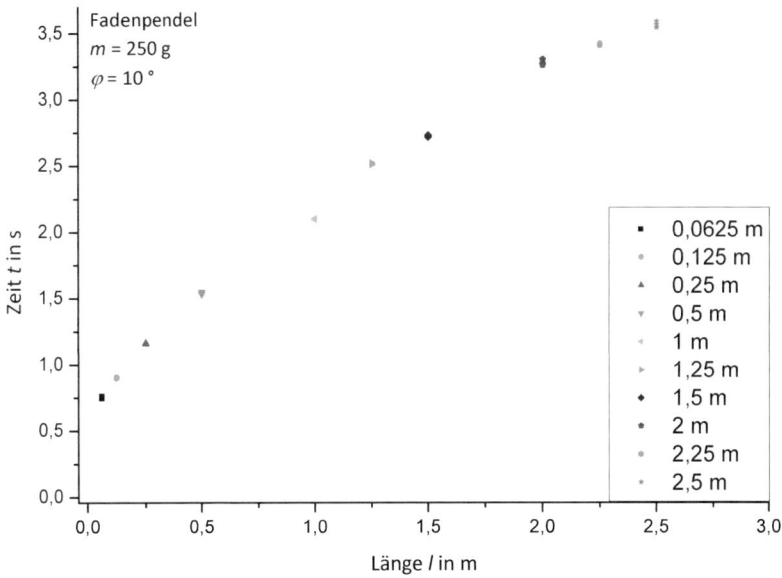

Abbildung 5.4: Messwerte der Pendelmessung (jeweils 10 Messungen pro Länge)

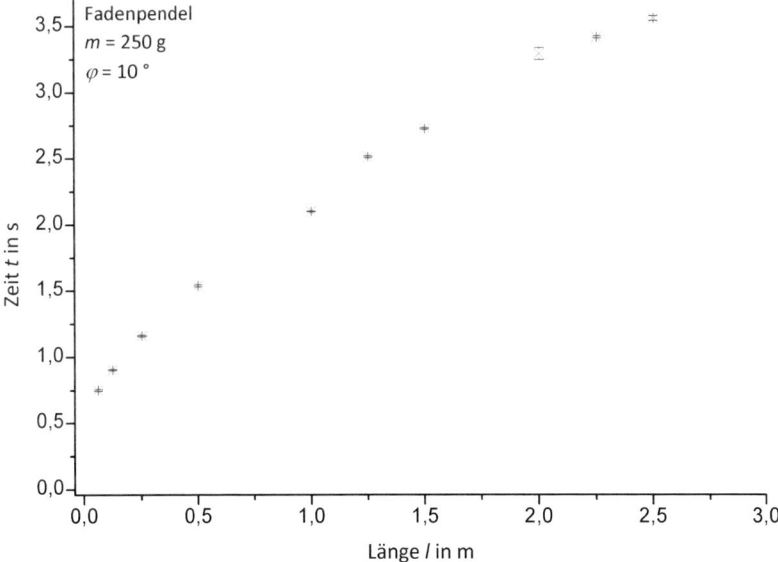

Abbildung 5.5: Gemittelte Messwerte und Fehlerbalken

Nun überlegt man sich, welchen mathematischen Verlauf solche Messwerte haben könnten. Es könnte den Anschein haben, dass es sich um einen linearen Zusammenhang handelt.

5.7.5 Fitten der Daten

Es gibt unterschiedlicher Möglichkeiten aus den gewonnen Daten auf eine Formel zu kommen. Drei sollen hier beschrieben werden.

Computerprogramm.

Ergebnis der mathematischen Anpassung mittels Computerprogramm:

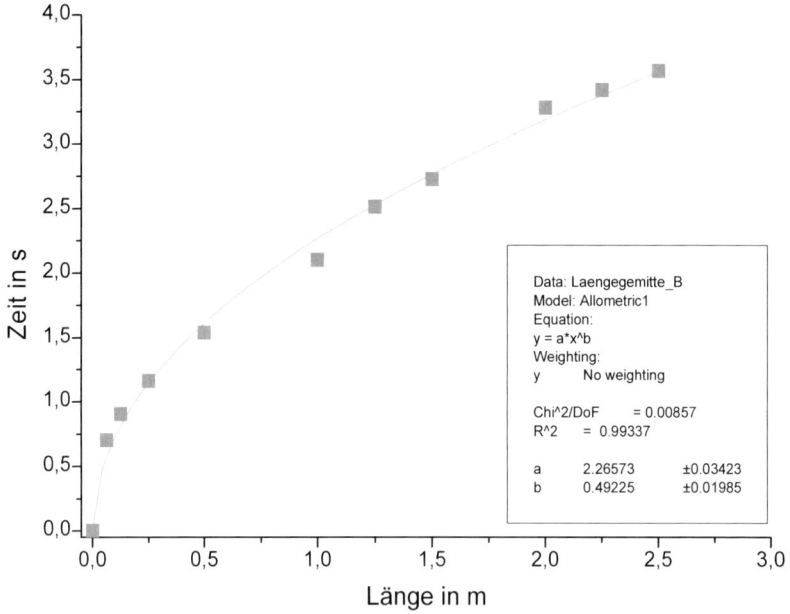

Abbildung 5.6: Messwerte und Fit

Die Daten wurden mittels ‚Origin'[71] geplottet und gefittet. Es lässt sich aber auch mit dem Freeware-Programm ‚CurveExpert Basic' [Cur1.4] darstellen.[72] Es fällt auf, dass hier

---

[71] Origin ist ein professionelles Messdaten- und Auswertungsprogramm. Für den Schul- und Privatgebrauch aber zu kompliziert und komplex.

[72] In Exel sind sie zwar ebenfalls darstellbar, aber können nicht (oder nur linear) gefittet werden. Ab Exel 2010

ein Punkt hinzugenommen wurde, und zwar (0|0). Diese Überlegung ist rational, sie geht davon aus, dass bei der Pendellänge von 0 m die Schwingungsdauer 0 s beträgt.

Es wurde eine Potenzfunktion als Fit gewählt. Aus den Ergebnissen lässt sich folgende Formel konstruieren:

$$T = 2{,}27 \pm 0{,}03 \cdot l^{0{,}49 \pm 0{,}02}.$$

Umgeformt und gerundet heißt dies:

$$T = 2{,}27 \cdot \sqrt{l}.$$

Quantitativ ist somit die Periodendauer von der Wurzel der Pendellänge abhängig.

Linearisierung

Bei der Linearisierung versucht man die Messwerte so umzurechnen, dass beim Fitten des Graphen eine Gerade herauskommt.

Ist eine Vereinfachung möglich?

Nimmt man die Messwerte aus Tabelle 5.1 und quadriert die Zeit (y-Werte) ergibt sich:

Länge l in m	0	0,0625	0,125	0,25	0,5	1	1,25	1,5	2	2,25	2,5
Zeit^2 t^2 in s^2	0	0,50	0,8	1,35	2,3	4,4	6,3	7,4	10,8	11,7	12,6

Tabelle 5.2: Messwerte des Fadenpendels bei $m = 250$ g und $\varphi = 10°$

Im Graph lässt sich eine Ursprungsgerade einzeichnen und die Steigung bestimmen.

---

gibt es zwar nicht nur lineare Ausgleichskurven, aber keine für Wurzelfunktionen. Der Fit kann aber auch mit einem grafikfähigen Taschenrechner (etwa dem TI Voyager 200) ermittelt werden.

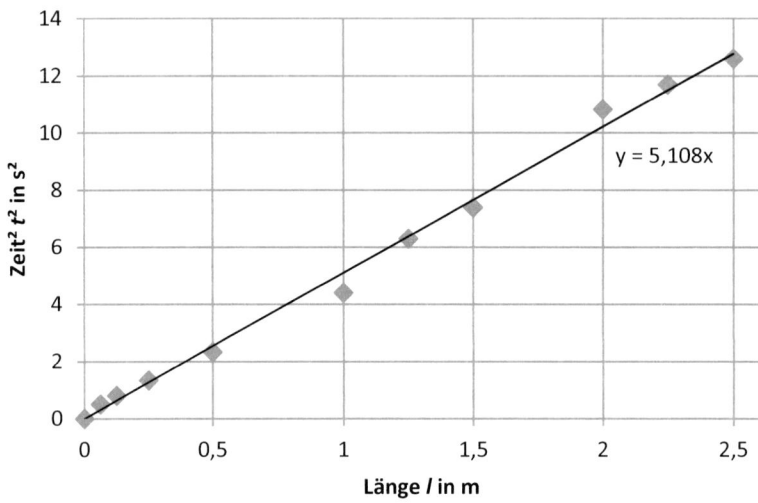

Abbildung 5.7: Linearisierung der Messwerte (mit Exel 2010)

Es ergibt sich ein Fit von

$$y^2 = 5{,}108 \cdot x.$$

Da hier die y Werte quadriert wurden, muss man einfach die Wurzel ziehen

$$y = 2{,}26 \cdot \sqrt{x}.$$

Dieser Wert passt sehr gut mit dem Fit von Origin zusammen.

Graphikfähiger Taschenrechner

Gibt es weitere Möglichkeiten?

Da viele Schulen Graphikfähige Taschenrechner in Physik und Mathematik einsetzen, soll hier das Beispiel für einen *Texas Instruments Yoyage 200* ausführlich erläutert werden. Es stellte sich im Testunterricht heraus, dass viele Schülerinnen und Schüler große Probleme mit dem Umgang des Taschenrechners haben, explizit mit der Erstellung eines Graphen und dem anschließenden Fit.

Man nehme die Daten aus Tabelle 5.1:

Länge l in m	0,0625	0,125	0,25	0,5	1	1,25	1,5	2	2,25	2,5
Zeit t in s	0,71	0,9	1,16	1,53	2,1	2,51	2,72	3,29	3,42	3,55

Daten in Matrix eingeben:

Nach dem Einschalten (oder auf **APPS**) auf **Daten/Matrix** gehen und **Enter** drücken, dann Auswahl **3:New**

Variable Name eingeben: z. B. **pendel**

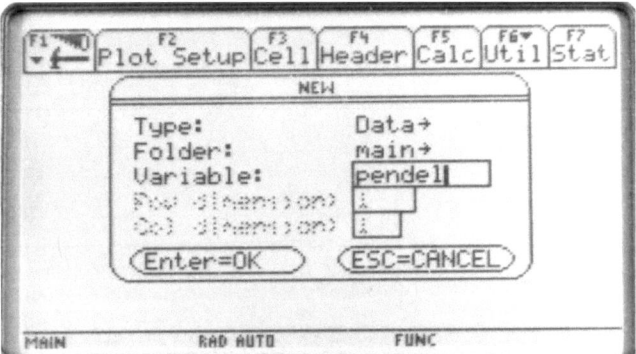

Dann die Daten eingeben. Achtung den Wert 0 und 0 darf man nicht eingeben, da sonst nicht gefittet werden kann (**Error Stat**), auch einsetzten von sehr kleinen Werten verfälscht das Ergebnis, am besten 0|0 weglassen.

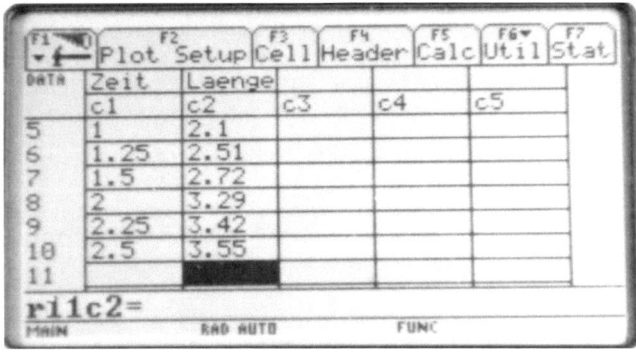

Zum Plotten muss der Graph noch definiert werden. Hierzu erst **F2**, dann **F1** drücken.

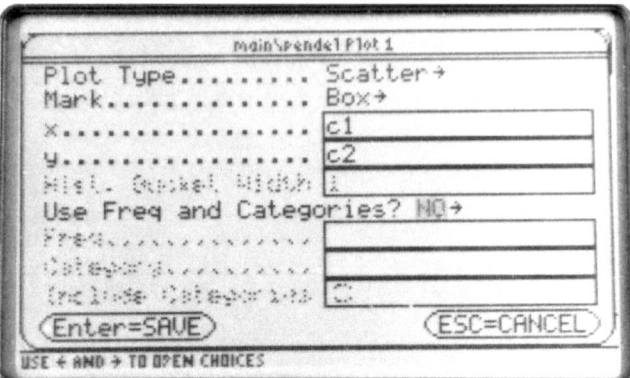

Dann sollte der Graph definiert sein.

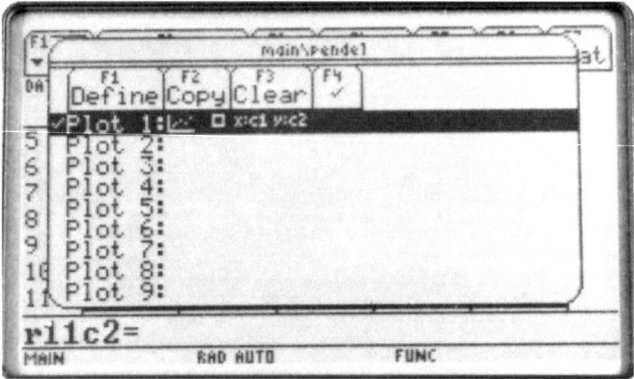

Raute (grüne Taste) + **R** (**GRAPH**) schaltet zum Graphen-bildschirm.

Zum Zoomen der Daten **F2** und **9:ZoomData** auswählen.

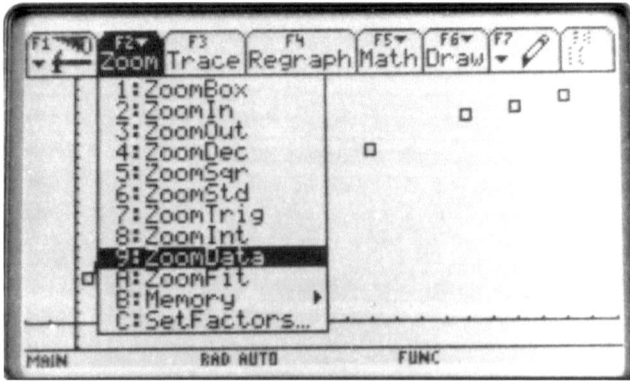

Dann erhält man den Graphen.

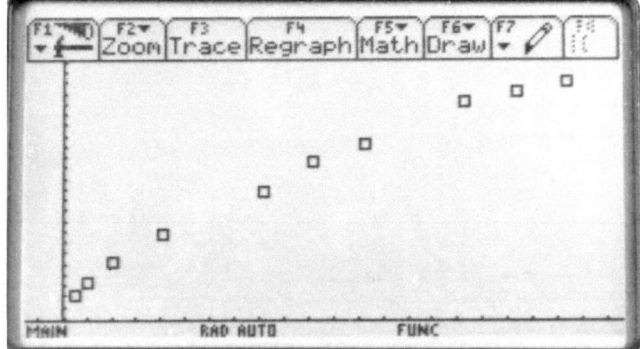

Zum Fitten muss man wieder in die Matrix, hierzu **APP** drücken und dann **Daten/Matrix**. Hier dann **1:Current** wählen. Mit **F5:Calc** kommt man in den Calculate Schirm. Als Typ **8:PowerReg** auswählen. Dabei **Store RegEQ to** auf **y1(x)** setzen, damit das Ergebnis als Funktion gespeichert und kann später geplottet werden kann.

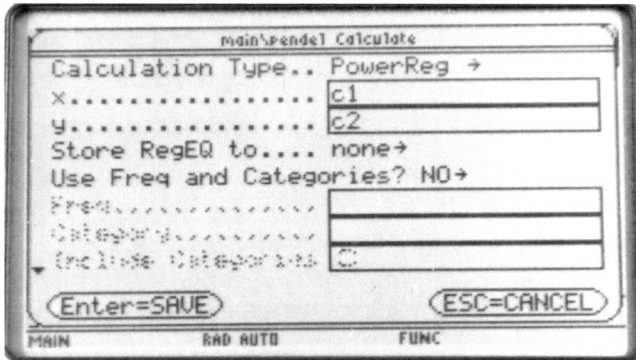

Jetzt bekommt man den Fit.

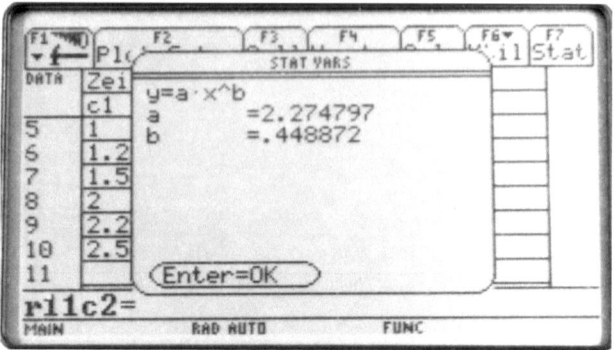

Der Vorfaktor stimmt mit dem Ergebnis aus dem Fit mit Origin und der Linearisierung gut überein. Nur der Exponent ist nicht 0,5, sondern 0,45. Hier muss ein wenig Unterstützung vom Lehrer gegeben werden, dass man diese auf 0,5 rundet. Dann kommt auch hier eine Wurzel-Funktion heraus

$$y = 2{,}27 \cdot \sqrt{x}.$$

Die Linearisierung lässt sich natürlich ebenfalls mit dem Taschenrechner durchführen, hier muss dann aber unter **F5:Calc** unter Type **LinReg** ausgewählt werden.

Alle drei Methoden kommen ungefähr auf einen ähnliche Formel für die Anpassung der Daten. Es handelt sich um eine Wurzelfunktion.

5.8 Theoretisches Herangehen

Was sagt die Theoretische Physik?

Ein anderer Ansatz in der Physik ein Problem zu lösen, ist der sogenannte theoretische Ansatz, der vor allem in der theoretischen Physik benutzt wird. Hier schließt man nicht induktiv von einzelnen Ergebnissen auf eine allgemein Aussage (Formel), sondern von höheren Prinzipien auf eine allgemeine Formel, die für das betrachtete Problem gilt. Im Gegensatz zum experimentellen Herangehen wird hier meist deduktiv gearbeitet. Dies bedeutet unter anderem, dass eine andere Methodologie (gr. METODO-LOGÍA „Lehre von der Vorgehensweise") benutzt wird.

5.8.1 Aufstellen der theoretischen Gleichungen

Zunächst muss eine allgemeine Bewegungsgleichung aufgestellt werden, die den Gesetzen von Newton folgt.

Welche Kräfte wirken?

An die Masse greift die Gewichtskraft F_G an:

$$F_G = m \cdot g; \text{ mit } g = 9{,}81\,\frac{m}{s^2} \text{ (Fallbeschleunigung)}$$

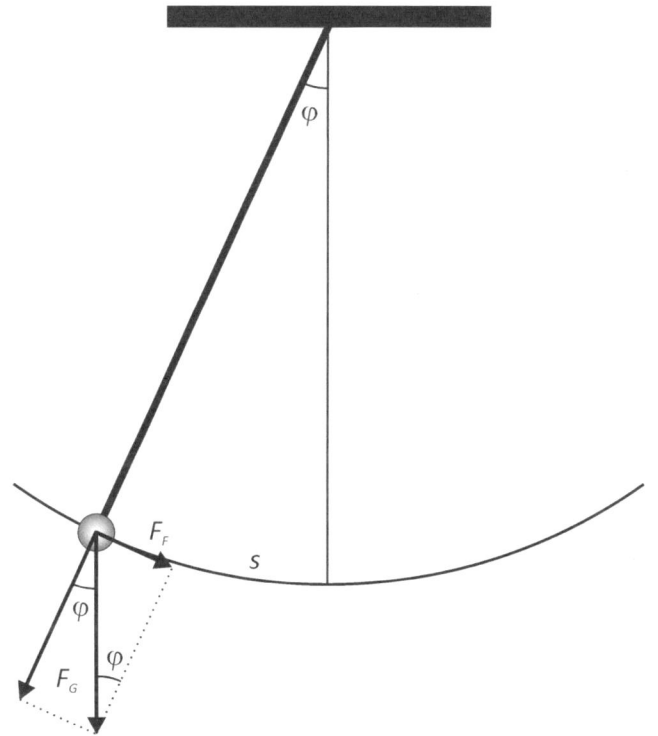

**Abbildung 7: Schematische Darstellung eines Faden-
pendels**

Dabei übt der Faden aber eine Zwangskraft aus, die dafür
sorgt, dass der Abstand der Masse zum Punkt der Aufhän-
gung konstant bleibt. Deshalb wirkt nur die Komponente
der Schwerkraft, die senkrecht zum Faden steht. In diesem Fall gilt dann

$$F_F = -m \cdot g \cdot \sin(\varphi).$$

Für das Aufstellen eines Kräfteverhältnisses wird noch das zweite Newtonsche Axiom, welches die Kraft F mit der Masse m und der Beschleunigung a verknüpft, gebraucht.

$$F = m \cdot a$$

5.8.2 Entwickelung der Differenzialgleichung

Wie lässt sich der Weg beschreiben? Bei einer Auslenkung legt das Pendel mit der Fadenlänge l und der Auslenkung φ auf dem Kreis eine Stecke von $s = l \cdot \varphi$ (φ im Bogenmaß) zurück. Die Beschleunigung ergibt sich aus der zweifachen Ableitung der Strecke nach der Zeit.

$$a = \dot{v} = \frac{dv}{dt} = \ddot{s} = \frac{d^2 s}{dt^2} = l \cdot \ddot{\varphi}$$

$$F = m \cdot l\ddot{\varphi}$$

Setzt man die beiden Kräfte ins Verhältnis ergibt sich

$$m \cdot l\ddot{\varphi} = -m \cdot g \cdot \sin(\varphi).$$

Nach Umformungen, wobei sich die Masse herauskürzt ($\Rightarrow$ Pendeldauer nicht von der Masse abhängig), ergibt sich

$$\ddot{\varphi} = -\frac{g}{l} \cdot \sin(\varphi).$$

Für kleine Auslenkungswinkel $\varphi \leq 5°$ (entspricht $\frac{5}{360} \cdot 2\pi$ im Bogenmaß) kann man die Kleinwinkelnäherung annehmen $\Rightarrow \sin(\varphi) \approx \varphi$. Unsere Gleichung ändert sich zu

$$\ddot{\varphi} = -\frac{g}{l} \cdot \varphi.$$

5.8.3 Finden einer Lösung für die Differenzialgleichung

Dies ist eine Differenzialgleichung (DGL) zweiter Ordnung. Da es sich um eine Pendelschwingung handelt, kann für die Lösung eine Schwingungsgleichung angesetzt werden

$$\varphi = \varphi_0 \cdot \sin(\omega t + k).$$

Hierbei nennt man φ_0 die Maximalamplitude, ω die Kreisfrequenz ($\omega = 2\pi \cdot f$). Um die DGL zu lösen, muss die zweite Ableitung nach der Zeit gebildet werden

$$\dot{\varphi} = \varphi_0 \cdot \cos(\omega t + k) \cdot \omega$$

$$\ddot{\varphi} = -\varphi_0 \cdot \sin(\omega t + k) \cdot \omega^2.$$

Setzt man diese in die DGL ein, ergibt sich

$$-\varphi_0 \cdot \sin(\omega t + k) \cdot \omega^2 = -\frac{g}{l} \cdot \varphi_0 \cdot \sin(\omega t + k).$$

Das Phi, das Minus und der Sinus kürzen sich heraus ($\Rightarrow$ Pendeldauer nicht von der Auslenkung abhängig)

$$\omega^2 = \frac{g}{l}.$$

Die Kreisfrequenz ist mit der Periodendauer T verknüpft

$$T = \frac{2\pi}{\omega}.$$

Nach Ziehen der Wurzel von ω^2 und einsetzen, ergibt sich

$$T = 2\pi \cdot \sqrt{\frac{l}{g}}.$$

Die theoretische Herleitung zeigt, dass die Pendeldauer (bei kleinen Auslenkungen) nur von der Länge des Pendels und der Fallbeschleunigung abhängig ist. Dies bedeutet, dass auf dem Mond, wo eine andere Fallbeschleunigung herrscht, die Periodendauer des Pendels bei gleicher Länge unterschiedlich ist.

5.9 Vergleich

Abschließend wird überprüft, ob die Ergebnisse von mathematischer Modellierung und theoretischer Überlegung in Einklang gebracht werden können.

Sind die beiden Ergebnisse vergleichbar?

5.9.1 Mathematische Modellierung und theoretische Überlegung

Bei diesem Beispiel ergab sich aus dem Graphischen Fit

$$T = 2{,}27 \cdot \sqrt{l}$$

und aus dem theoretischen Modell

$$T = 2\pi \cdot \sqrt{\frac{l}{g}}.$$

Die beiden Formeln sehen sich schon von der Gestalt her ähnlich, aber es ist nicht klar, ob die Vorfaktoren zusammenpassen. Da die Messungen auf der Erde gemacht wurden, ist die Fallbeschleunigung nahezu konstant. Rechnet man die Vorfaktoren der theoretischen Formel in Zahlenwerte um, so ergibt sich

$$T = 2{,}01 \cdot \sqrt{l}.$$

Das Ergebnis zeigt einen Fehler im Vorfaktor von ca. 11%. Betrachtet man die Fehler, die bei Messungen auftauchen können und die Vereinfachung, die in das theoretische Modell eingehen, so ist die Übereinstimmung zwischen Experiment, mathematischer Modellierung und theoretischem Modell als gut zu bewerten.

In diesem Beispiel wurde absichtlich ein systematischer Fehler eingebaut: beim Messen der Pendellänge im Experiment wurde nur die Fadenlänge gemessen, aber nicht die eigentliche Länge vom Aufhängepunkt zum Massenmittelpunkt.

Dass die Fallbeschleunigung eine Rolle spielt ist durch die Messung nicht einfach heraus zu finden. Hierzu müsste ein Versuch gebaut werden, welcher den Anteil von g ändert (Solch einen Versuch gibt es, er heißt das variable g-Pendel. Z. B. für Cassy von LD-Didactic [LD2008] oder Phywe [Phywe]).

5.9.2 Verifizierung des Modells

Gilt das gefundene Ergebnis auch für andere Längen?

Um zu prüfen, ob die Formel auch wirklich die Realität beschreibt, sollte man eine Prüfung des Modells vornehmen.

Die theoretische Herleitung ergab, dass die Pendeldauer auf der Erde vor allem von der Länge des Fadens abhängt. Um zu sehen, ob dies richtig ist gibt man jetzt ein mögliches Ergebnis vor und prüft es im Experiment nach. Spektakulär ist hier ein richtig langes Pendel, welches man im

Treppenflur aufbaut, falls dies möglich ist. Bei solch einem Aufbau lässt sich auch ein Foucaultsches Pendel realisieren.

5.10 Zusammenfassung

Nach der Überprüfung des Modells kann vorläufig davon ausgegangen werden, dass die Pendeldauer T von der Pendellänge l und der Fallbeschleunigung g abhängt. Als mathematischer Zusammenhang ergibt sich

Wie sieht das letztendliche Ergebnis aus?

$$T = 2\pi \cdot \sqrt{\frac{l}{g}}.$$

6 Interesse an Physik

6.1 Was ist Interesse?

Was kann man unter Interesse verstehen?

Der Begriff Interesse (lat. INTERESSE – dabei sein, teilnehmen an, dazwischen stecken/sein) bezeichnet die kognitive Anteilname bzw. Aufmerksamkeit, die einer Sache oder einer Person entgegen gebracht wird. Das Gegenteil davon ist das Desinteresse, die Apathie (Teilnahmslosigkeit) oder stärker die Abneigung.

Die Beziehung einer Person zu einem Gegenstand kann als herausgehoben bezeichnet werden [Kra1992]. Diese Gegenstände sind Sachverhalte in der Lebenswelt einer Person, z. B. Tätigkeiten, Themen, andere Personen, über die Wissen erworben und ausgetauscht werden kann.

Was kann unter Motivation verstanden werden?

Unter Motivation (lat. MOTUS – Bewegung) wird das Verhalten zusammengefasst, welches sich in Richtung (auf etwas zu), Ausdauer und Wirkungsgrad widerspiegelt. In der Psychologie wird unter Motiv eine Vorliebe für bestimmte Arten von Zielen bezeichnet.

Im Alltag hängen Interesse und Motivation eng zusammen. So kann Motivation zu Interesse werden. Dabei spielt es eine untergeordnete Rolle, ob es sich um extrinsische[73] oder intrinsische[74] Motivation handelt.

Situationales Interesse steht häufig am Anfang einer längerfristigen Entwicklung, aus der individuelles Interesse hervorgehen kann und bietet somit die Möglichkeit, durch eine ansprechende Gestaltung des Lerngegenstandes und der Lernumgebung Interesse zu fördern.

6.1.1 Sachinteresse

Welches Interesse haben Kinder an den Naturwissenschaften?

Kinder wenden sich den Naturwissenschaften vor allem spontan zu. Sie suchen nicht nach allgemeingültigen Wahrheiten, Regeln oder Gesetzmäßigkeiten, sondern nach Antworten auf ihre aktuellen Alltagsfragen.

---

[73] Von außen her (angeregt), nicht aus eigenem Antrieb folgend
[74] Lat. INTRINSECUS (inwendig, innerlich, hineinwärts, von innen her kommend)

Die Interessenunterschiede zwischen den einzelnen Gebieten in der Physik sind nicht so groß, wie vielleicht angenommen werden könnte. Das Sachinteresse ist viel mehr geprägt durch die Tätigkeiten und Anwendungsmöglichkeiten des Gebietes im Alltag der Schülerinnen und Schüler. Z. B. ist das Interesse an den Gebieten Mechanik, E-Lehre oder Wärmelehre ähnlich, wird aber durch die Herangehensweise und Präsentation des Lerngegenstandes stark beeinflusst. Wird der Anwendungsbereich als langweilig oder als interessant empfunden, sind die verknüpften Tätigkeiten unbeliebt oder beliebt.

Gibt es einen Interessenunterschied bei den einzelnen physikalischen Gebieten?

Das Interesse kann durch den Bezug auf Alltagssituationen oder auf den (menschlichen) Körper gesteigert werden. Erstaunliche Phänomene oder gesellschaftliche Bezüge können ebenfalls das Interesse fördern. Bei älteren Schülern zeigt sich das Interesse beim Diskutieren und Bewerten, bei den jüngeren beim Konstruieren und Bauen.

Wie kann das Interesse gesteigert werden?

In der Chemie ist dies nach GRÄBER [Grä1992, S. 270-273] ähnlich: Hobbys, persönlicher Alltag, Kleidung, Kosmetik, Ernährung, Gesundheit und eigener Körper sind gute Möglichkeiten, um das Interesse der Schülerinnen und Schüler zu wecken. Chemische Anwendungen, die als Gefahr oder Nutzen für die Menschheit und Umwelt eine Rolle spielen, finden noch größeren Anklang. Lesen, einem Vortrag zuhören oder rechnen können nicht wirklich begeistern. Versuche selber durchführen finden Schülerinnen und Schüler gleichermaßen reizvoll.

Gibt es Unterschiede zur Chemie?

Aus Untersuchungen ergeben sich vier Faktoren, die sowohl für den Physik- als auch Chemieunterricht gelten:

1. Die Faszination technischer Phänomene
2. Die Faszination natürlicher Phänomene
3. Selbstvertrauen in die eigene Leistungsfähigkeit
4. Die empfundene persönliche Bedeutung

Die Einteilung ist nicht geschlechtsspezifisch, obwohl gesagt werden muss, dass das Interesse der Mädchen deutlich weniger ausgeprägt ist.

6.1.2 Fachinteresse

Ist das Fachinteresse mit dem Sachinteresse verknüpft?

Für den Schulalltag ist ebenfalls das Fachinteresse von Bedeutung. Für das Fachinteresse spielen Komponenten wie etwa „Fasziniert sein von technischen bzw. natürlichen Phänomenen" keine Rolle. Auch wenn sich die Schülerinnen und Schüler für Technik und Naturphänomene, sogar für Physik und Chemie selbst begeistern können, so spielt es für das Interesse am angebotenem Physik- bzw. Chemieunterricht keine unbedingte Rolle. Beim Fachinteresse liegt der Fokus vielmehr auf dem Schulfach an sich. Dies kann aus unterschiedlichen Motiven heraus begründet sein, z. B. der Bedeutsamkeit des Faches für den späteren Beruf, die soziale Erwünschtheit oder die gute Beziehung zu der Lehrkraft. Die Inhalte und Gegenstände des Faches spielen kaum eine Rolle.

6.1.3 Lernleistung

Bei der IPN-Interessenstudie konnte kein direkter Zusammenhang zwischen dem Sachinteresse und der Lernleistung nachgewiesen werden. Die Zeugnisnote und das Sachinteresse sind nicht miteinander verknüpft. Einzig das Fachinteresse und die Note korrelieren.

Sollte man das Sachinteresse anregen?

Es lohnt sich aber dennoch, das Sachinteresse der Schülerinnen und Schüler anzuregen, denn so können schwächere Schülerinnen und Schüler Anknüpfungspunkte finden und das Desinteresse am Fach kann zumindest zeitweise aufgebrochen werden.

6.2 Interessenstypen

Was sagt die Forschung?

Aus den Untersuchungen von L. HOFFMANN, P. HÄUßLER und M. LEHRKE (ca. 1984-1989) an mehreren Tausend Schülerinnen und Schülern (11-14 Jahren) konnten drei Interessenbereiche und drei Interessenstypen abgeleitet werden [HofHäuLeh1998].

Interessenbereiche:

- **Physik und Technik:** Dieser Bereich umfasst reine Physik, also Physik um der Physik willen. Es geht hier nicht um konkrete Anwendungen. Vielmehr geht es um Inhalte der Wissenschaft Physik. Das direkte Interesse an Technik ist ebenfalls in diesen Bereich einzuordnen.

- **Mensch und Natur:** Hier lassen sich Anwendungen der Physik und Erklärungen von (Natur-)Phänomenen einordnen. Die Beschäftigung mit dem (eigenen) menschlichen Körper fällt unter diesen Bereich.

- **Gesellschaft:** Zu diesem Bereich gehören z. B. die Erörterungen der gesellschaftlichen Bedeutungen von Physik und Technik sowie politische und geschichtliche Entwicklungen durch die Einflüsse von Physik und Technik.

Es lassen sich drei Interessentypen finden:

- **Typ A:** Interessiert sich für alle drei Interessenbereiche etwa gleich stark. Auch bei mathematischen Berechnungen ist seine Wissbegierde noch vorhanden.

- **Typ B:** Das Hauptinteresse liegt im Bereich Mensch und Natur. Für die anderen beiden Bereiche (*Physik & Technik* und *Gesellschaft*) ist seine Hingabe deutlich gedämpft.

- **Typ C:** Sein Interesse liegt vor allem beim Bereich Gesellschaft, eingeschränkt auch im Bereich Natur und Mensch, aber nicht im Bereich Physik und Technik.

Die Interessentypen sind nicht geschlechtsspezifisch. Der sich dennoch ergebende Unterschied ist die Häufigkeit, mit der die Typen A, B und C bei Jungen bzw. Mädchen auftauchen. Dem Typ A hängen sehr viele Jungen an, bei Typ C sind die Mädchen häufiger zu finden und bei Typ B ist das Verhältnis etwa ausgeglichen.

Gibt es Unterschiede zwischen Schülerinnen und Schülern?

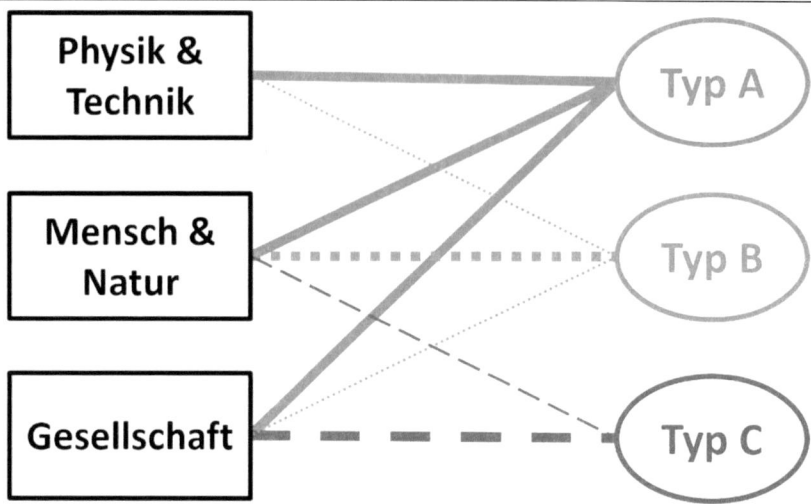

Abbildung 6.1: Interessengebiete und -typen

Abgeleitet für den Unterricht bedeutet dies, eine Mischung der Bereiche *Physik und Technik, Mensch und Natur* und *Gesellschaft* ist sinnvoll, um alle Schülerinnen und Schüler zu erreichen. Wobei *Mensch und Natur* als besonderes Gebiet angesehen werden muss, da es alle drei Interessenstypen binden kann.

6.2.1 Merkmale der Interessen-Typen

- **Typ A** (ca. 20 %)**:** ist zumeist männlich und eher jünger als älter. Meist hat er relativ gute Noten in Physik und denkt, dass seine Leistungen auch weiterhin gut sein werden. Er hat keine Präferenzen zum Inhalt, denn er ist an allem interessiert, was mit Physik zu tun hat. Mathematik, Chemie und andere technische Fächer gehören ebenfalls zu seinen Interessengebieten. Deutsch, Kunst und Sprachen bevorzugt er nicht so sehr. Man kann ihn als naturwissenschaftlichen Typus bezeichnen.
- **Typ B** (ca. 55 %)**:** Das Verhältnis zwischen Jungen und Mädchen ist in etwa gleich. Dem Typ B gehören die meisten Schüler an. Die Note bewegt sich meist im mittleren Bereich und sie sind von ihrem

Leistungsvermögen im Physikunterricht nicht überzeugt. Der praktischen Seite des Unterrichts gehört ihr Hauptaugenmerk, z. B. bauen sie gern Geräte und sind daran interessiert, wie man Physik zum Nutzen des Menschen einsetzen kann. Das Betrachten und Erläutern von Naturerscheinungen kann sie begeistern. Sie haben bei keinem Schulfach ein sehr ausgeprägtes Interesse.

- **Typ C (ca. 25 %):** Vor allem in höheren Klassenstufen sind hier vermehrt Mädchen zu finden. Die Physik-Note liegt eher im schlechten Bereich. Sein Vertrauen in die Leistungen im Physikunterricht ist gering. Physik kann nur dann seine Aufmerksamkeit gewinnen, wenn es von persönlicher Bedeutung ist. Das Beschäftigen mit Naturerscheinungen und das Helfen anderer ist wichtig. Das Hauptinteresse liegt bei diesem Typ darin, etwas über die Folgen von Physik und Technologien zu erfahren und darüber zu diskutieren. Alle anderen Bereiche stoßen bei Typ C auf geringes Interesse. Deutsch, Kunst und Fremdsprachen liegen mehr im Interesse dieses Typs, man kann ihn als geisteswissenschaftlichen Typus bezeichnen.

Um die Konstellation einer Klasse herauszubekommen, ist es möglich, den eingefügten Fragebogen zu verwenden, der im Anhang zu finden ist.

In der Praxis ist der Physik-Unterricht oft am Typ A ausgerichtet, dies führt zu folgenden Schwierigkeiten: In einer Klasse findet man einige Hochinteressierte (meist Jungen), die den Unterricht tragen, die anderen hören mehr oder weniger gelangweilt zu.

Wie sollte ich meinen Unterricht ausrichten?

Geht man von einem statistischen Bezug aus, so sollte sich die Unterrichtsgestaltung am Typ B orientieren. Er stellt zum einen die größte Gruppe da, zum anderen sind seine Interessen nicht zu weit von denen der Typen A und C entfernt.

Beispielsweise:

- Was nutzt Physik dem Menschen?
- Wie kann man Naturereignisse physikalisch erklären?
- Wie funktionieren die Sinnesorgane?
- Wie funktioniert ein Gerät, das aus dem Alltag bekannt ist?
- Wie kann man ein Gerät selbst bauen?
- Welchen Alltagsbezug hat die Physik?

Aus Sicht der Interessenforschung sollte man sich mit Physik ohne erkennbares Anwendungsgebiet zurückhalten.

Sind die Interessenstypen noch aktuell?

Im Jahre 2016 wurde in Salzburg eine Untersuchung in sieben Salzburger Gymnasien durchgeführt, um zu sehen, ob die Interessenstypen sich so immer noch einteilen lassen.

6.3 Physikalische Tätigkeiten

Was machen Schülerinnen und Schüler gerne?

Um die Faszination an der Physik zu stärken, ist es neben den Abwägungen des Themas auch möglich Tätigkeiten zuzulassen, die als interessant angesehen werden. In der IPN-Interessenstudie wurden Schüler des 10. Jahrgangs zu ihren bevorzugten Tätigkeiten befragt:

Die aktiv-handwerklichen Tätigkeiten (Geräte zerlegen / zusammenbauen; Versuche aufbauen, etwas bauen; Versuche durchführen, messen) sind am beliebtesten. Aktiv-kognitive Tätigkeiten (Versuche beobachten; sich ein Gerät ausdenken, erfinden; sich eine eigene Meinung bilden; technische Neuerungen diskutieren; Nutzen von Technik beurteilen) folgen. Die zu dem physikalisch-wissenschaftlichem Bereich gehörenden Tätigkeiten (Eine Vermutung prüfen; Berechnen, Aufgaben lösen) sind schon wesentlich unbeliebter, aber nicht ganz so unbeliebt, wie die passiven-kognitiv (Einem Vortrag zuhören; Einen Physiktext lesen).

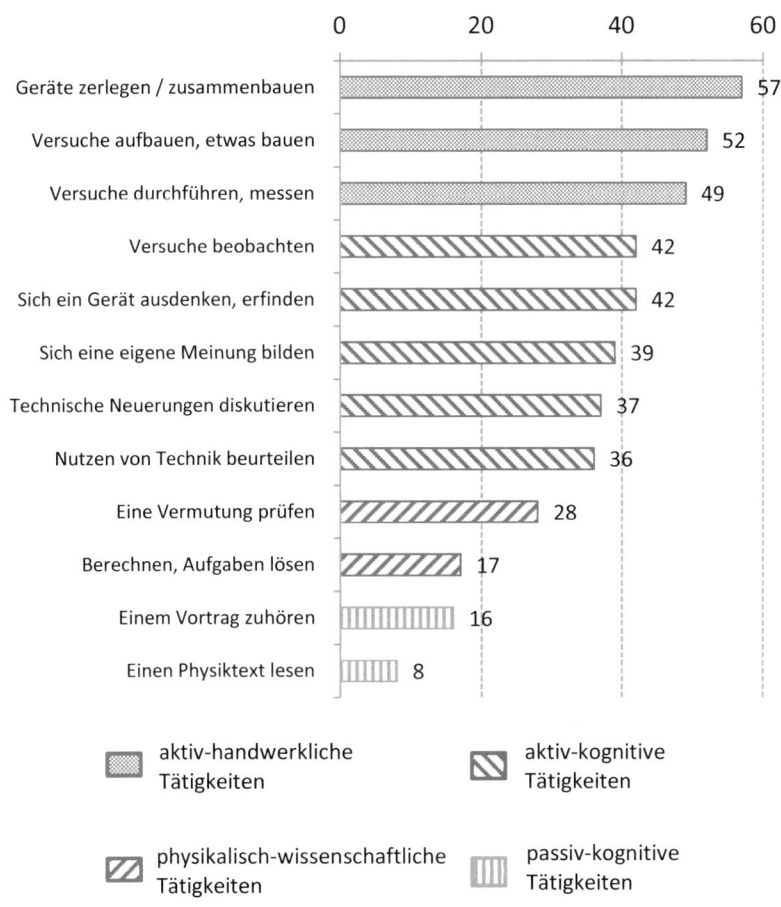

Abbildung 6.2: Beliebte und unbeliebte Tätigkeiten (nach
[HäuBünDui+1998, S. 135])

6.3.1 Anwendungsbereiche

Als allgemeine Ableitung aus den Interessenstudien können folgende Punkte genannt werden [HäuBünDui+1998,
S. 134]:

Gibt es Hinweise
für den Unterricht?

- *Die Anbindung der zu unterrichtenden Inhalte an
  alltägliche Erfahrungen und Beispiele aus der Umwelt der Schülerinnen und Schüler ist generell Inte-
  ressensfördernd. Für Mädchen jedoch nur, wenn sie*

dabei auf Erfahrungen zurückgreifen können, die sie tatsächlich gemacht haben können (Negativbeispiel: Erfahrungen mit Werkzeugen oder Maschinen).

- *Inhalte mit einer emotional positiv getönten Komponente, also etwa Phänomene, über die man staunen kann und die zu einem Aha-Erlebnis führen, werden generell als interessant empfunden. Mädchen sind dabei eher über ein die Sinne unmittelbar ansprechendes Erleben (z. B. Naturphänomene) erreichbar und weniger über erstaunliche technische Errungenschaften (Negativbeispiel: Leistung von Motoren).*

- *Das Interesse an einer Behandlung der gesellschaftlichen Bedeutung der Naturwissenschaften ist generell relativ hoch: bei Mädchen umso höher, je älter sie sind und je deutlicher eine unmittelbare Betroffenheit angesprochen wird (Negativbeispiel: Prospektion von Bodenschätzen).*

- *Das Interesse an einem Bezug zum menschlichen Körper ist nicht nur im Biologieunterricht, sondern auch im Chemie- und Physikunterricht generell groß. Dazu gehören vor allem Anwendungen in der medizinischen Diagnostik und Therapie, Gefährdungen der Gesundheit und Erklärungen der Funktionsweisen von Sinnesorganen.*

- *Das Entdecken oder Nachvollziehen von Gesetzmäßigkeiten um ihrer selbst willen wird als weniger interessant empfunden, insbesondere wenn es sich um eine quantitative Beschreibung (Formeln!) handelt. Das Interesse steigt, wenn ein Anwendungsbezug hergestellt wird und dabei der Nutzen oder die Notwendigkeit einer Quantifizierung erfahren werden können (Positivbeispiel: Die Einführung der elektrischen Größe über die Stromrechnung).*

6.3.2 Interessensteigerung

Um das bisher geschriebene noch einmal zusammenzufassen, sind 10 Leitfragen für eine gelungene Unterrichtsgestaltung zusammengetragen worden [HäuBünDui+ 1998, S. 136]:

Kann man das Interesse steigern?

1. *Wie wird Schülerinnen und Schülern Gelegenheit gegeben, zu staunen und neugierig zu werden, und wie wird erreicht, dass daraus ein Aha-Erlebnis wird?*

2. *Wie wird an außerschulischen Erfahrungen angeknüpft, die zur Vermeidung geschlechtsspezifischer Dominanzen, Mädchen und Jungen in gleicherweise zugänglich sind?*

3. *Wie wird es Schülerinnen und Schülern ermöglicht, aktiv und eigenständig zu lernen und Erfahrungen aus erster Hand zu machen?*

4. *Wie wird erreicht, dass Schülerinnen und Schülern einen Bezug zum Alltag und zu ihrer Lebenswelt herstellen können?*

5. *Wie wird dazu angeregt, die Bedeutung der Naturwissenschaften für Menschen und die Gesellschaft zu erkennen und danach zu handeln?*

6. *Wie wird der lebenspraktische Nutzen der Naturwissenschaften erfahrbar gemacht?*

7. *Wie wird ein Bezug zum eigenen Körper hergestellt?*

8. *Wie wird die Notwendigkeit und der Nutzen der Einführung und des Umgehens mit quantitativen Größen verdeutlicht?*

9. *Wie wird sichergestellt, dass den Formeln ein qualitatives Verständnis der Begriffe und ihrer Zusammenhänge vorausgeht?*

10. Wie kann vorzeitige Abstraktion vermieden werden zugunsten eines spielerischen Umgangs und unmittelbaren Erlebens?

Auf was ist zu achten?

Selbstverständlich sollte aber auch auf die Methodik der Physik eingegangen werden, um so vielleicht die Schülerinnen und Schüler auf die fundamentale Bedeutung der Physik in der modernen Welt aufmerksam zu machen und durch die Physik die vier kantischen Fragen des Menschen beantworten zu helfen:

1. Was kann ich wissen?

2. Was soll ich tun?

3. Was darf ich hoffen?

4. Was ist der Mensch?

6.4 Interesse am Physikunterricht

Physik ist eines der unbeliebtesten Fächer, wie die Graphik auf der nächsten Seite zeigt.

Wie verhält sich das Interesse bei Schülerinnen?

Insbesondere aber bei weiblichen Schülern rangiert die Physik auf einem der unteren Ränge in der Beliebtheitsskala, wie eine Studie von 2005 eindrucksvoll zeigt [Zwi2006, S. 73].

	Abgewählt		Leistungskurs	
	Schülerinnen	Schüler	Schülerinnen	Schüler
Klasse 12	77,0 %	42,4 %	3,3 %	17,2 %
Klasse 13	83,9 %	59,1 %	2,6 %	15,7 %

Politik und Wirtschaft haben diesen Mangel ebenfalls erkannt und sind aufgrund des besorgniserregenden Nachwuchsmangels im naturwissenschaftlich-technischen Bereich dabei unterstützende und interessefördernde Programme aufzulegen (Girls-day, MINT etc.).

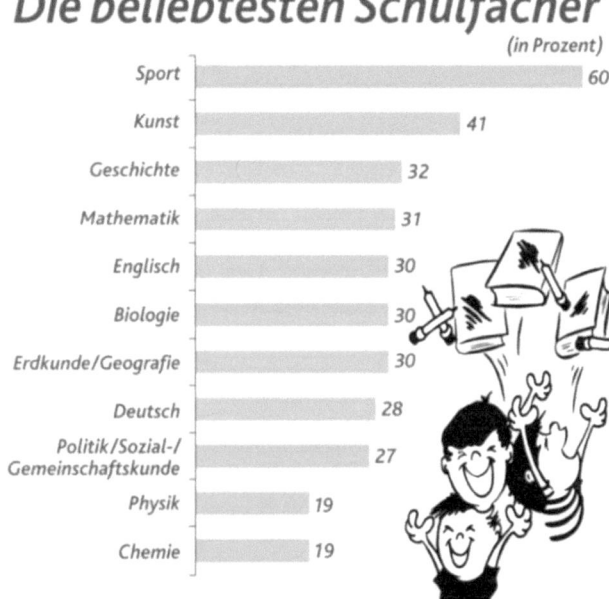

Die beliebtesten Schulfächer
(in Prozent)

Fach	Prozent
Sport	60
Kunst	41
Geschichte	32
Mathematik	31
Englisch	30
Biologie	30
Erdkunde/Geografie	30
Deutsch	28
Politik/Sozial-/Gemeinschaftskunde	27
Physik	19
Chemie	19

Quelle: **Sasol Olefins & Surfactants**
Deutschlandweite Repräsentativbefragung; 1.032 Befragte im Alter von 13 bis 22 Jahren (Angaben in %, Mehrfachnennungen möglich)

Abbildung 6.3: Sasol-Studie 2005 [Sas2005]

6.5 Neue Ergebnisse

Die in den vorherigen Abschnitten gewonnenen Ergebnisse stammen aus Untersuchungen der 80er Jahre des zwanzigsten Jahrhunderts. Es stellt sich die berechtigte Frage, ob die Ergebnisse noch aktuell sind. Um diese nachzuvollziehen, wurden 199 Schülerinnen und Schüler an sieben Salzburger Gymnasien befragt. Im Folgenden sollen drei Ergebnisse der Untersuchung angeführt werden.

Die Schülerinnen und Schüler wurden, ähnlich wie in Abbildung 6.3, nach ihren Lieblingsfächern gefragt (bis zu drei Nennungen waren möglich).

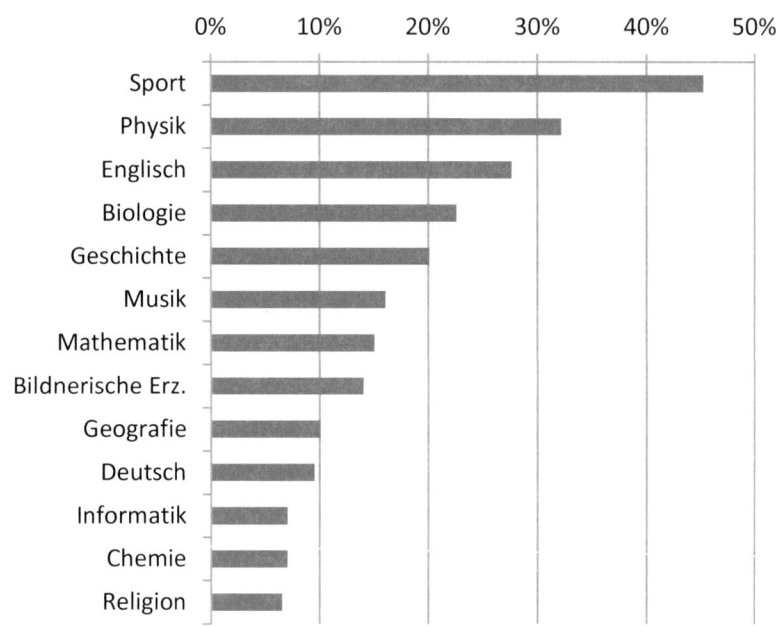

Abbildung 6.4: Beliebtheit der Schulfächer an sieben Gymnasien. (nach [HerFürStr2016])

Wie bleibt ist Physik?

Das Ergebnis der Befragung (siehe Abb. 6.4) ergibt eine andere Position der Beliebtheit der Physik als alle vorhergehenden Untersuchungen, in denen die Physik im unteren Feld lag oder sogar den letzten Platz einnahm. Sport führt, wie in allen anderen Untersuchungen, das Feld an.

Die Beliebtheit der Tätigkeiten der Schülerinnen und Schülern im Physikunterricht wurden in der Untersuchung ebenfalls abgefragt. Die Fragen aus der IPN Studie wurden zum Teil erweitert, bzw. kamen neue hinzu.

Die Reihenfolge der Tätigkeiten ist ähnlich wie in Abbildung 6.2. Einige Positionen haben sich aber verschoben. So ist zum Beispiel „einem Vortrag zuhören" ins Mittelfeld aufgestiegen. Die neue Frage „physikalische Videos" ansehen führt die Liste an. Das neue Item „Internetrecherchen durchführen" stellt überraschender Weise keine beliebte Tätigkeit da.

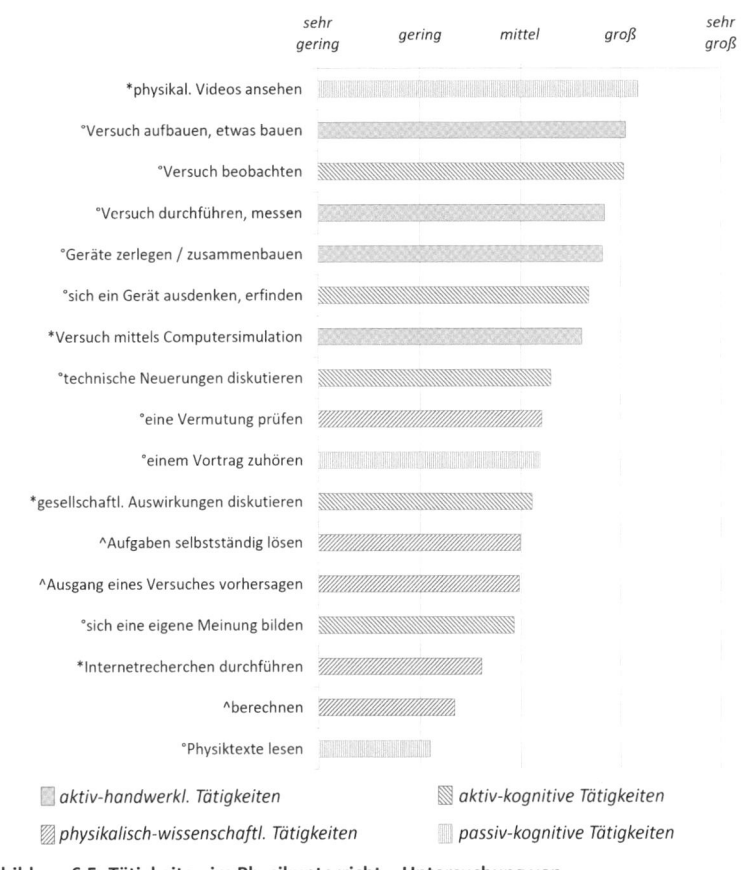

Abbildung 6.5: Tätigkeiten im Physikunterricht – Untersuchung von 2015. * neue Frage, ° IPN-Interessensstudie Physik (unverändert), ^ IPN-Interessensstudie Physik (gesplittet). (nach [HerFürStr2016])

Das letzte Ergebnis betrifft die Themenfelder und die Typen (siehe Abb. 6.1). Hier ergeben sich ähnliche Ergebnisse. Die Typen konnten wiedergefunden werden, die prozentuale Verteilung hat sich zum Teil geändert. Außerdem findet sich ein neuer Typ, der *Typ D* oder *interessensloser Typus* genannt wurde. Er macht ca. 16 % der Schülerinnen und Schüler aus. Das Geschlechterverhältnis ist beim Typ D annähernd dasselbe.

Lassen sich die Typen wiederfinden?

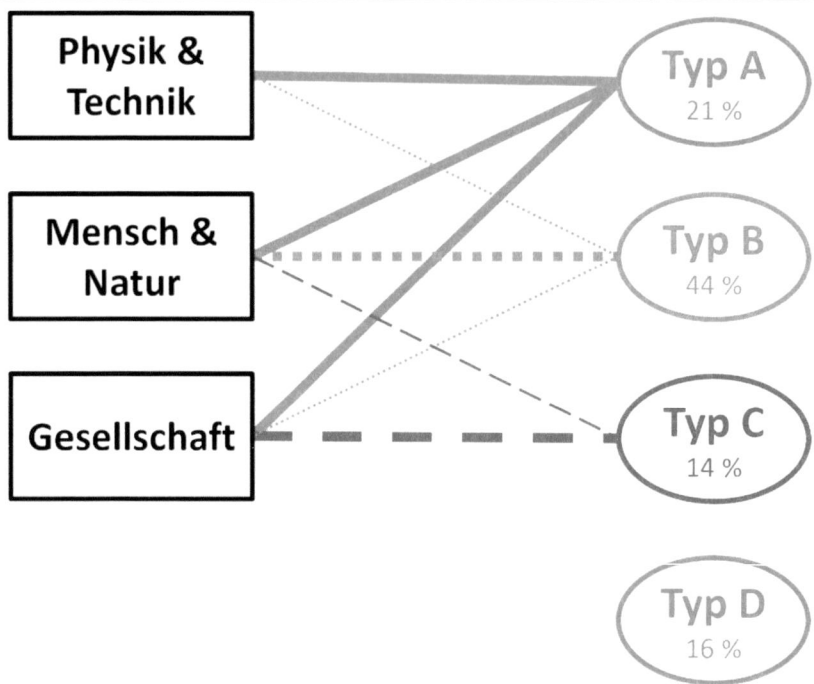

Abbildung 6.6: Interessenstypen – Untersuchung von 2015. (5%
konnten nicht zugeordnet werden

6.6 Mädchen und Jungen

Welche Unter-
schiede existieren
zwischen Mädchen
und Jungen?

TIMSS (Third International Mathematics and Science
study) zeigt in der 7. und 8. Jahrgangsstufe, sowie bei Abi-
turientinnen und Abiturienten, die Unterschiede zwischen Mädchen und Jungen [Zwi2006, S. 74]:

- *In der Mittelstufe sind in allen Schulformen die Leistungen der Mädchen in Physik im Durchschnitt
schlechter als bei den Jungen.*

- *In der gymnasialen Oberstufe liegt der Leistungsun-
terschied über einer halben Standardabweichung.*

- *Im Laufe der Schulzeit werden die Leistungsdiffe-
renzen größer.*

- *In Deutschland scheinen die Unterschiede in den
letzten 30 Jahren unverändert, wohingegen sich in*

den angelsächsischen Ländern über einen langfris-
tigen Trend eine allmähliche Verringerung abzeich-
net. [BauLehLeh+1997, BauBosWat1998].

Insbesondere unter Berücksichtigung der durchschnitt-
lich besseren Schulabschlüsse von Mädchen sind diese Ergebnisse erstaunlich.

Aus den Interessenforschungen von HOFFMANN, HÄUSSLER
und LEHRKE (IPN) kann man aus den geschlechtsspezifi-
schen Unterschieden folgendes Ableiten:

Wo liegen die Un-
terschiede bei den
Mädchen?

- Das Interesse der Schüler am Physikunterricht ist
  grundsätzlich höher als das der Schülerinnen.
- Bei Mädchen, aber auch bei Jungen, nimmt das Interesse an Physik zwischen der 7. und 9. Klasse ab.
- Das Desinteresse am Unterricht lässt nicht auf ein
  allgemeines Desinteresse an der Physik schließen
  (Sachinteresse nicht gleich Fachinteresse).
- Von dem Vertrauen in die eigenen physikalisch re-
  levanten Leistungsfähigkeiten wird das Fachinteresse in erster Linie bestimmt.
- Der Aussage: *„Physik geht uns alle an."* ist nicht geschlechtsspezifisch und wird von den meisten be-
  jaht.

Obwohl viele Schülerinnen und Schüler starke Kritik am
Physikunterricht und auch an den Lehrkräften üben, wird
die Wichtigkeit des Faches als hoch eingeschätzt. Mit diesem Sachverhalt bildet das Fach Physik eine Ausnahme,
denn anderen Fächern wird nur dann eine höhere Bedeutung zugeschrieben, wenn auch die Beliebtheit steigt
[Nol1989].

Wie wird die Wich-
tigkeit des Faches
eingeschätzt?

6.6.1 Ursachen

Die didaktisch-methodische Aufbereitung des Physikunterrichts wird als Hauptursache für die Ablehnung angesehen, da das Interesse an physikalischen Phänomenen
und Inhalten vorhanden ist [Zwi2006, S. 76-78].

Didaktisch-methodische Aufbereitung

Es scheint so, als würde es der herkömmliche Physikunterricht nicht schaffen, Lernende davon zu überzeugen, dass das Gelernte auch außerhalb der Schule wichtig ist oder schlimmer noch, dass das, was im Physikunterricht getan wird, nichts mit der Natur an sich zu tun hat. Folgendes Zitat soll dieses verdeutlichen:

> *Schüler akzeptieren die Unterrichtsinhalte, aber glauben nicht an ihre Gültigkeit im „wirklichen Leben".*

Für viele besteht der Unterricht aus Formeln und Anwendungsaufgaben. In der Oberstufe erhöht sich dieser Tätigkeitsanteil noch, während der Bezug zum Alltag und das Reden über Physik zurücktreten.

Anforderungen wie „das Ausdenken von Überprüfungsmöglichkeiten von Vermutungen mittels eines Versuchs" oder „etwas Berechnen" kommen den Interessen der Schüler nicht entgegen. Ihre präferierten Tätigkeiten, wie etwa „ein Gerät konstruieren" oder „einen Versuch bauen", kommen im Unterricht eher selten vor [Hof1990].

Vorerfahrungen bei Mädchen und Jungen

Die Erwartungen an Mädchen und Jungen sind auch noch im 21. Jahrhundert unterschiedlich, diese gesellschaftliche Geschlechterrolle könnte dazu führen, dass die Beschäftigung mit Naturwissenschaft eher Männern zugeordnet wird.

Hierzu ein Beispiel: Die meisten naturwissenschaftlichen Sendungen im Fernsehen werden von Männern moderiert.

Personenidentifikationen sind im Frauenbereich nur sehr schwierig, bekannt sind meist nur Marie Curie oder Lise Meitner. Oft werden Mädchen in ihrem sozialen Umfeld nicht angeregt, sich mit physikalischen Inhalten zu beschäftigen.

Selbstvertrauen

Das Selbstvertrauen in die physikalischen Fähigkeiten ist bei Mädchen grundsätzlich weniger ausgeprägt als bei Jungen. Voreingenommen erwarten Schülerinnen eine schlechtere Note als Jungen. Diese Vorstellung hängt nicht mit ihrem tatsächlichen Leistungsvermögen zusammen.

Haben Schülerinnen Selbstvertrauen in ihre Leistungsfähigkeiten?

Interessant ist des Weiteren der Befund, dass Mädchen im Vergleich zu Jungen ihre allgemeinen schulischen Fähigkeiten und insbesondere ihre Fähigkeiten in den Fächern Mathematik und Physik systematisch unterschätzen. Bei gleicher Leistung schreiben sie sich geringere Fähigkeiten zu, während Jungen die eigenen fachlichen Fähigkeiten optimistisch überschätzen [BauLehLeh+1997].

HOFFMANN und HÄUßLER behaupten, dass das geringe Selbstvertrauen eine der Hauptursachen für das Desinteresse der Mädchen am Physikunterricht ist.

Interaktion

Dass sich Lehrkräfte gegenüber Mädchen und Jungen unterschiedlich verhalten zeigen Interaktionsstudien aus den 80er Jahren, die auch heute nichts an Aktualität verloren haben. Jungen werden signifikant häufiger aufgerufen als Mädchen und häufiger für eine gute Leistung belohnt. Durch Rückmeldungen bei schlechten Leistungen erhalten Mädchen eine unterschwellige Botschaft, dass sie zwar fleißig, aber unbegabt sind. Schülern wird bei schlechten Leistungen eher vermittelt, dass sie sich nicht genug angestrengt haben. Wenn Jungen etwas nicht können, wird es entschuldigt mit der Bemerkung „Das ist ja auch schwer", wenn Mädchen etwas können, wird dies herabgesetzt „Das ist ja auch leicht".

Wie verhalten sich Lehrkräfte Schülerinnen gegenüber?

Gerade die im Physikunterricht ablaufenden sozialen Interaktionsprozesse geben den Mädchen in der Regel wenig Gelegenheit, ein positives Selbstkonzept aufzubauen"

[HofHäu1994]

6.6.2 Konsequenzen

Wie sollte mein Unterricht aussehen?

Ein Mädchen und Jungen gerechter Physikunterricht sollte Mädchen Möglichkeiten zur Identifikation bieten und an den unterschiedlichen Vorerfahrungen der Kinder anknüpfen. Er sollte außerdem die Fachsystematik zurücknehmen und eher auf Kontextorientierung achten, sowie die Mathematisierung der Physik reduzieren, klarer fassen und genauer erklären, damit Schülerinnen und Schülern erkennen können, wieso der jeweilige Sachverhalt Richtig und Wichtig ist.

Offene Unterrichtsformen können dazu beitragen, dass auch desinteressierte Schülerinnen und Schüler dazu ermuntert werden, sich mit den Inhalten zu beschäftigen. Wichtig ist hierbei auf die Auswahl der Methoden zu achten. Es sind die zu wählen, bei denen sich alle beteiligen und etwas einbringen können. Da es gerade in Physik meist sowohl vom Interesse als auch vom Können sehr heterogene Klassen gibt, sollte allen Schülerinnen und Schülern ein individueller Erfolg und Lernfortschritt ermöglicht werden. Dies kann den Spaß, das Interesse, die Motivation, aber auch die Identifikation mit der Physik fördern.

Gibt es eine Möglichkeit Schülerinnen und Schüler anzusprechen?

Es hat sich gezeigt, dass das, was den Mädchen zu Gute kommt, auch für die Jungen förderlich ist. Deshalb ist es möglich den Unterricht an den Schülerinnen zu orientieren. Kriterien für einen mädchengerechten Physikunterricht können lauten vgl. ZWIOREK [Zwi2006, S.79]:

1. Die unterschiedlichen naturwissenschaftlichen Vorerfahrungen sollten bei der Planung des Unterrichtes berücksichtigt werden.

2. Die Sprache im Unterricht ist so zu gestalten, dass sie für beide Geschlechter verständlich ist. Die Fachsprache muss der Klassenstufe angepasst werden.

3. Der Lernstoff ist kontextgebunden zu gestalten.

4. Die unterschiedlichen Lern- und Arbeitsstile von Mädchen und Jungen sollen berücksichtigt werden.

5. Der Unterricht ist argumentativ und kommunikativ aufzubauen.

6. Das Leistungsselbstvertrauen der Mädchen sollte gefördert werden. Insbesondere bei der Gestaltung des Unterrichtes und der Interaktion mit den Schülerinnen und Schülern ist darauf zu achten.

7. Der Stereotyp „Physik ist eine Männerdomäne" sollte nicht transportiert werden. Mädchen dürfen durch die aktive Teilnahme am Physikunterricht nicht in der Entwicklung ihrer Geschlechtsidentität gehemmt werden.

8. Identifikationsmöglichkeiten für Mädchen sollten in den Unterricht eingebaut werden.

7 Schülervorstellungen

Woher kommen die Vorstellungen bei Schülerinnen und Schülern?

Beim Diskutieren, Begründen und Herstellen von Zusammenhängen benutzen Schüler/-innen die Begriffe und Vorstellungen ihrer Erfahrungswelt. Diese Vorstellungen konstruieren sich aus der Lebenswelt und den Vorerfahrungen der Schülerinnen und Schüler, doch kommt es oft vor, dass diese Vorstellungen nicht mit der physikalischen Realität übereinstimmen.

Diese Art von Alltagsvorstellungen ist ein wesentlicher Bestandteil des Nichtverstehens von physikalischen Gesetzmäßigkeiten. Interessanterweise sind Vorstellungen zeitstabil und zu gewissen Teilen auch veränderungsresistent. Unser gesamtes Denken und Wahrnehmen wird von unseren Vorstellungen beeinflusst.

7.1 Über die Welt

Wie gehe ich damit um, dass die Welt nicht so ist, wie ich sie sehe?

Die Erkenntnis, dass die Welt, wie wir sie erleben und erklären, nicht die 1 zu 1 Abbildung ihrer selbst ist, wird in A. SCHOPENHAUERS[75] Werk: *„Die Welt als Wille und Vorstellung"* von 1818 [Scho1818] ausführlich durchdacht. Auch wenn Schülerinnen und Schüler in einem Versuch beobachten könnten, dass ihre Vorstellung nicht zutreffend ist, tun sie dies nur in einem begrenzten Rahmen. Die Auflösung und Richtigstellung von falschen Vorannahmen, Vorstellungen und Erklärungen ist eine der großen Herausforderungen des Lehrerberufs. So ist es eine wichtige Aufgabe der Lehrkraft, falsche Vorstellungen über physikalische Phänomene und Gesetzmäßigkeiten aufzubrechen. Die beiden Naturwissenschaften Physik und Chemie haben es dabei besonders schwer, denn ihre Erklärungen sind meist recht abstrakt und komplex.

Die Erkenntnis zu akzeptieren, dass die Welt nur eine Konstruktion des Geistes ist, ist eine wichtige Erkenntnis, die schwer zu verdauen ist. Es hat sich gezeigt, dass Erklä-

---

[75] ARTHUR SCHOPENHAUER 1788 – 1860 deutscher Philosoph

rungen und Modelle, die als nicht richtig empfunden werden, es aber sind, lieber wegdiskutiert werden, anstatt sie anzunehmen. Auch bei Experimenten tritt dieses Phänomen auf: Es wird solange diskutiert, bis die Beobachtungen der Wahrnehmung und damit der Vorstellung entsprechen.

Die Vorstellung beeinflusst also die Wahrnehmung und diese die Beobachtung und nicht umgekehrt, wie von vielen angenommen. Bei der Fülle an Sinneseindrücken ist es klar, dass wir einer Wahrnehmung bedürfen, die das für uns Wesentliche herausfiltert, aber es ist sehr wichtig sich dieser Filtersysteme und nachgeschalteten Interpretationseinheiten klar zu werden, um Denkprozesse verstehen und somit lenken zu können. Auch wenn wir uns bewusst einer Sache zuwenden, heißt dies nicht, dass sie nicht schon von der Wahrnehmung vorinterpretiert wurde. Einleuchtende Beispiele lassen sich in der optischen Täuschung finden. Diese Phänomene sind so bedeutend, dass sich ein Teilgebiet der Psychologie, die Wahrnehmungspsychologie, mit ihnen beschäftigt.

Wird die Beobachtung beeinflusst?

Wahrnehmungspsychologie spielt auch bei der Interpretation von Schülervorstellung durch Lehrkräfte eine entscheidende Rolle: Wenn also ein Lehrer annimmt, der Schüler habe eine falsche Vorstellung, so ist das zunächst die Vorstellung des Lehrers über die Vorstellungswelt des Schülers [Dui1993, S. 10].

Es hat sich gezeigt, dass viele Schülerinnen und Schüler, auch in der Sekundarstufe II, als ‚naive‘ Realisten eingeordnet werden müssen. Sie sehen also physikalisches Wissen als getreue Erklärung der Natur an und nicht als Konstrukt über die Natur. Hieraus ergibt sich, dass Naturwissenschaft vor allem als Beobachtung der Natur selbst angesehen wird und nicht als Konstruktion von Erklärungsmustern. Ähnlich schwerwiegend ist hier die Vorstellung über das Lernen an sich, welches mehr als Abspeichern (Nürnberger Trichter) angesehen wird, denn

Wie denken Schülerinnen und Schüler?

als aktives Konstruieren von Wissen. Dadurch ergibt sich ein Lernverhalten, welches eher auf die Übernahme von „Fertig-Wissen" ausgelegt ist, als auf eine beschwerliche eigenständige Formung von Wissen [Dui1993, S. 11]. Vorstellungen von Lehrenden sind ebenso wichtig wie die von den Lernenden, denn sie können ähnlich falsche Vorstellungen auf der physikalischen Inhaltsebene haben, wie Schüler. Es zeigt sich, dass das Wissen zur Metaebene der Physik (Natur der Naturwissenschaften) sich als vorteilhaft und wichtig erwiesen hat, um einerseits wissenschaftliche Denkweisen zu vermitteln und andererseits mit eigenen Fehlern klarzukommen.

Schülerinnen und Schülern wird nur wenig Kompetenz im sogenannten naturwissenschaftlichen Denken und Arbeiten vermittelt, sodass es ihnen schwerfällt, einen Zugang zu den Fragen, die hinter einem Experiment stehen zu bekommen und ihnen nicht klar wird, warum das durchgeführte Experiment an dieser Stelle für das Verständnis hilfreich sein kann.

7.2 Der Umgang mit Schülervorstellungen – Vorüberlegung

Das Vor'wissen' aus der Alltagswelt der Schülerinnen und Schüler entspricht –wie bereits erwähnt– oft nicht der physikalischen Realität. Die Alltagspsychologie hat ähnliche Probleme (Psychologische Interpretation von Verhalten ohne hinreichende Sachkenntnisse).

Wie kann man mit dieser Art von Vor'wissen' umgehen?

Ergebnisse aus der Forschung über den eher traditionell orientierten Unterrichtsansatz, der die Vorstellung überwunden oder gar ersetzt haben möchte, zeigen deutlich, dass solch ein Konzeptwechsel nur schwerlich funktioniert. Es zeigt sich, dass Alltagsvorstellungen nicht einfach zu überwinden sind, sie lassen sich nicht tilgen, sondern überstehen unterrichtliche Bemühungen relativ unverändert [Dui1993, S. 11].

Ein anderer Ansatz ist, dass Schülerinnen und Schüler erkennen und lernen müssen, dass viele Alltagsvorstellungen in bestimmten Alltagssituationen eine brauchbare Basis zum Handeln ergeben, aber eben nur im Alltag, wo sie sich in der von ihnen konstruierten Welt bewegen. Wichtig ist, dass sie erkennen, dass diese Alltagswelt nicht die Welt ist, wie sie etwa die Physik beschreibt. Die meist widersprüchlichen Erklärungen sind nur für Außenstehende widersprüchlich, da sie individuell gebildet, logische Strukturen aufweisen und als richtig empfunden werden. Obwohl sie individuell gebildet werden, lassen sich meist dieselben Muster ableiten und so kategorisieren.

Wieso ist das Vorwissen problematisch?

Es muss also erkannt werden, dass das Alltagswissen in anderen Situationen kein erfolgreiches Handeln ermöglicht. Da das Alltagswissen sich ebenfalls durch Lernen (aber eben nicht gerichtetes Lernen) entwickelt hat und individuell hilfreich war, wird der Schüler, die Schülerin sich nicht so leicht von seinem oder ihrem „traditionellen Wissen" abkehren.

Es ist vielleicht möglich, dass die persönliche Vorstellung und die physikalische Vorstellung eine Koexistenz eingehen. Im Idealfall kann ein Nachdenken über eigene Vorstellungen und allgemeine Vorstellungen aktiviert werden, welches über einen langen Zeitraum zu einer Änderung der Alltagsvorstellung hinführen kann. Physikalisches Wissen ist ebenfalls von Menschen konstruiertes Wissen, welches in bestimmten Grenzen auf Naturphänomene angewendet werden kann, aber immer als vorläufig gelten muss, in dem Sinne, dass es im Verlauf der Erkenntnisentwicklung auch von neuen Konstruktionen abgelöst werden kann [Dui1993, S. 11].

Eine andere, mir wichtig erscheinende Konsequenz für den Physikunterricht liegt auf einer ganz anderen Ebene. Die Erwartungen an den Physikunterricht sind hoch, sie sind in den vergangenen 20 Jahren manchmal geradezu ins Unermeßliche gestiegen. Die vorliegenden Ergebnisse sollten Anlaß sein, über eine neue Bescheidenheit nachzudenken. In der zur Verfügung stehenden Zeit ist das Programm, das Lehrplankommissionen den Lehrern in der Regel aufbürden, einfach nicht zu schaffen. Konzeptwechselprozesse benötigen Zeit, sie bedürfen auch der ständigen „Nacharbeit", wenn ein Thema bereits nach Lehrplan „abgeschlossen" ist. Gewiß, diese Forderung nach mehr Bescheidenheit ist nicht neu, spätestens seit den Meraner Beschlüssen des Jahres 1906 wird sie immer wieder erhoben. Aber jetzt hat sie Rückendeckung durch überzeugende und nicht einfach wegzudiskutierende Ergebnisse empirischer Untersuchungen zur Effektivität des Physikunterrichts.

R. DUIT [Dui1993, S. 12]

Die Physik ist ein sehr komplexes, weites und schwieriges Denk- und Wissenschaftsgebiet, deshalb ist es nicht Möglich alle Aspekte der Physik in der Schule zu integrieren, geschweige denn zu erwarten, dass Schülerinnen und Schüler dies beherrschen. Gerade durch die Kürzung der Oberstufe und das Zentralabitur ist es ratsam den behandelten Stoff zu verringern und zu versuchen wenige wesentliche Erkenntnisse und Methoden der Physik in der Schule zu vermitteln.

7.3 Der Umgang mit Schülervorstellungen

Wie können Schülervorstellungen verändert werden?

Nach JUNG [Jun1986] gibt es im Unterricht, drei Möglichkeiten mit Vorstellungen der Schüler umzugehen.

Anknüpfen

Erfahrungen aus dem Alltagsverständnis werden ausgewählt, die möglichst wenig mit den wissenschaftlichen kollidieren. Bei dieser Vorgehensweise wird versucht, kontinuierlich und bruchlos, von Alltagsvorstellungen zu physikalischen überzugehen.

Konfrontieren

Es wird versucht, die Lernenden in kognitive Konflikte zu bringen, in dem ihre Vorstellung ad absurdum geführt wird. Es ergeben sich zwei Möglichkeiten:

(1) Gegenübersetzung: Vorstellungen der Lernenden werden den physikalischen gegenübergesetzt.

(2) Voraussage: Die falschen Voraussagen der Lernenden über den Ausgang eines Experiments werden mit dem tatsächlichen Ergebnis konfrontiert, um einen Konflikt auszulösen.

Umdeuten

Ähnlich wie bei Anknüpfen soll durch das Umdeuten von Erfahrungen ein langsamer kontinuierlicher Übergang von bekannten, falschen zu neuen, richtigen Konzepten stattfinden. Hierbei geht es nicht darum, falsche Vorstellungen als falsch hinzustellen, sondern falsche Vorstellungen mit richtigen zu ergänzen und sie langsam einzureißen.

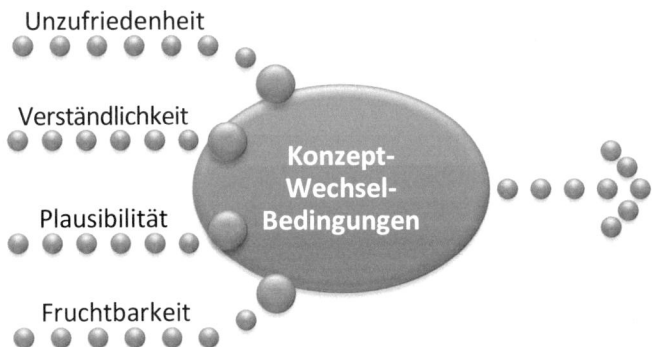

Konzept-Wechsel-Bedingungen

Nach POSNER ET AL. [PosStrHew+1982] sind für einen Konzept-Wechsel folgende Bedingungen wichtig:

Welche Bedingungen sind wichtig?

- **Unzufriedenheit:** Der Schüler ist mit seinen Vorstellungen unzufrieden.

- **Verständlichkeit:** Die neue Vorstellung muss für den Schüler verständlich sein.
- **Plausibilität:** Sie muss für den Schüler nachvollziehbar sein.
- **Fruchtbarkeit:** Es müssen sich darauf weitere Erkenntnisse aufbauen lassen.

Welche weiteren Funktionen müssen stimmen?

Da sich die Vorstellungen meistens im Alltag bestens bewährt haben, gibt es nur selten Unzufriedenheit aufseiten der Schüler. Neue Sichtweisen sind den Schülern meist nicht ersichtlich und plausibel, auch die Fruchtbarkeit wird nicht erkannt. Problematisch ist, dass eine Wahrheit nicht nur als logische ‚wahr' angenommen wird, es muss eine Bereitschaft vorhanden sein, sie auch als emotional ‚wahr' zu akzeptieren [Roth2007]. Nur durch eine stetige Verdeutlichung können die neuen Erkenntnisse in eine nachhaltige Veränderung der Denkweise überführt werden.

Nach DUIT [Dui1993, S. 12] sind für die Herangehensweise wichtig:

Diskussion

Eine Diskussion über die Vorstellungen der Schülerin oder des Schülers steht am Anfang, um sie auf ihre Sichtweisen aufmerksam zu machen. Dabei soll erkannt werden, dass man über ein und dieselbe Sache offenkundig ganz unterschiedlich denken kann. Hiernach folgt eine Aufklärung der physikalischen Sichtweise durch die Lehrerin oder den Lehrer.

Unterrichtsklima

Da das Unterrichtsklima bekanntermaßen sehr wichtig ist für die Annahme und damit auch für die Aufnahme von Inhalten, kann eine Veränderung nur in einem vertrauensvollen Klima vonstattengehen. Entscheidend ist das Klima auch für die Bereitschaft der Schülerinnen und Schüler ihre Vorstellungen preiszugeben.

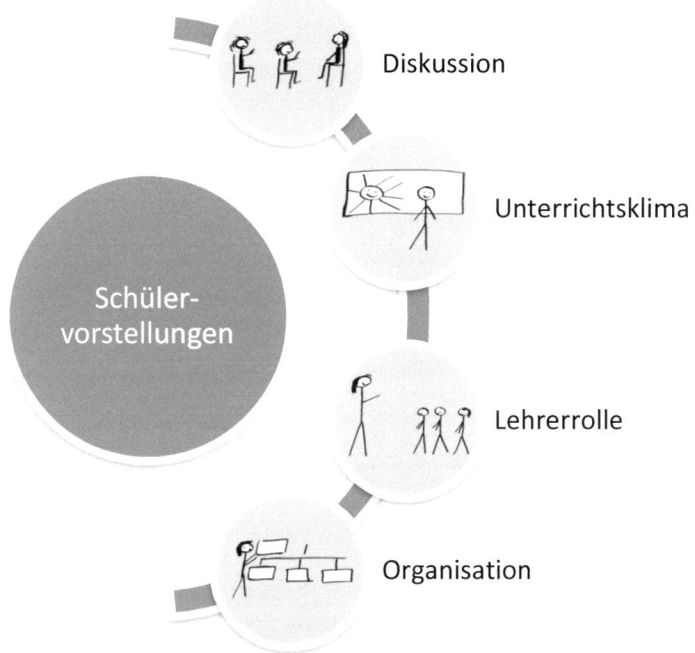

Lehrerrolle

Die Aufgabe des Lehrers ist nicht primär die der Informationsquelle und des Wahrheitsprüfers, sondern er ist Helfer für die Entwicklung von eigenen Wissensstrukturen.

Die Lehrerin oder der Lehrer sollte den Schülern Denkwerkzeuge an die Hand geben, damit sie ihr Wissen selbst konstruieren können.

Organisation des Unterrichts

Formen des offenen Unterrichts geben den Schülern die Möglichkeit, ihre Sichtweisen zu vergleichen und zu erläutern. Auf dem gemeinsamen Erarbeiten von Wissensinhalten sollte ein Schwerpunkt liegen.

Weiterführende Literatur

Über Schülervorstellungen gibt es in der deutschsprachigen Literatur relativ viel Material. In dem Buch *Schülervorstellungen in der Physik* von R. MÜLLER, R. WODZINSKI und M. HOPF (Hg.) [MülWodHop2004] sind diverse Artikel zu allgemeinen und themenspezifischen Schülervorstellungen zusammengefasst.

Weiterhin sind einige fachdidaktische Zeitungen zu dem Thema erschienen:

- H. WIESNER (Hg.) – PdN Physik: *Physikunterricht an Schülervorstellungen orientieren* [Wie2008].
- H. WIESNER (Hg.) – PdN Physik: *Physikunterricht an Schülervorstellungen orientieren II* [Wie2009].
- H. MUCKENFUSS (Hg.) – Unterricht Physik: *Schülervorstellungen* [Muc1993].

8 Anhang

8.1 Lesetexte zur Bildung

Mittlerweile gibt es diverse z. T. auch populärwissenschaftliche Abhandlungen, die sich mit dem, was der Mensch wissen sollte und was Bildung (vermeintlich) ausmacht, beschäftigen. Das populärste ist sicherlich das Werk von SCHWANITZ. Der bekannteste Kritiker von SCHWANITZ ist FISCHER[76], einige Auszüge aus beiden Werken finden sich in den nächsten beiden Abschnitten.

8.1.1 Schwanitz: Bildung – Alles was man wissen muss

Das Werk von DIETRICH SCHWANITZ[77] *Bildung* [Schwa2002] ist eines der bekanntesten Werke, sein Bildungsverständnis findet sich u.a. in folgenden Textstellen:

Bildung nennt man ein durchgearbeitetes Verständnis der eigenen Zivilisation.

Wenn die Kultur eine Person wäre, würde sie Bildung heißen.

... Bildung ist die Vertrautheit mit den Grundzügen der Geschichte unserer Zivilisation, den großen Entwürfen der Philosophie und Wissenschaft, sowie der Formensprache und den Hauptwerken der Kunst, Musik und Literatur.

Bildung ist ein geschmeidiger und trainierter Zustand des Geistes, der entsteht, wenn man alles einmal gewusst und alles wieder vergessen hat: »Ich vergesse das meiste, was ich gelesen habe, so wie das, was ich gegessen habe; ich weiß aber soviel, beides trägt nichtsdestoweniger zur Erhaltung meines Geistes und meines Leibes bei.« (Georg Christoph Lichtenberg) Bildung ist die Fähigkeit, bei der Konversation mit kultivierten Leuten mitzuhalten, ohne unangenehm aufzufallen.

Bildung orientiert sich an dem Ideal der allgemeinen Persönlichkeitsbildung im Gegensatz zur praktischen Berufsbildung der Spezialisten.

[Schwa2002, S. 544]

Auf einer Party wäre es zwar erlaubt, folgende Bitte zu äußern: »Verzeihen Sie, aber können Sie mir mal den zweiten thermodynamischen Hauptsatz erklären, ich habe ihn nie verstanden.« Einige werden dann

---

[76] ERNST PETER FISCHER 1947 – Wissenschaftshistoriker
[77] DIETRICH SCHWANITZ 1940 – 2004 dt. Anglist & Literaturwissenschaftler

beglückt rufen: »Ich auch nicht«, und es wird viel Gekicher geben. Der thermodynamische Hauptsatz gehört nicht zur Bildung.

Aber äußern Sie mal die Frage: »Van Gogh, von Gogh, ist das nicht der Mittelstürmer der holländischen Fußballmannschaft, der bei der letzten WM dem deutschen Torwart das Nasenbein gebrochen hat?« Wenn Ihre Ernsthaftigkeit Ihre Zuhörer davon überzeugt, daß Sie keinen Witz machen wollen, werden sich ihre Mienen mit Bestürzung überziehen, und sie werden künftig den Umgang mit Ihnen meiden.

[Schwa2002, S. 546]

SCHWANITZ hat es seinen Kritikern im Grunde genommen einfach gemacht, ihn anzugreifen, da er sich auf das klassische deutsche Bildungsverständnis beruft, dessen wesentliche Inhalte sich auf Literatur, Historie, Kultur- und Geistesgeschichte beschränkt.

8.1.2 Fischer: Die andere Bildung

Das Werk von FISCHER gehört ebenfalls zu den bekannten Werken über Bildung, es versucht, die bei SCHWANITZ herausgenommenen Naturwissenschaften und deren Elementarität ergänzend darzustellen. Gleich in der Einleitung wird in seinem Werk auf SCHWANITZ Bezug genommen und Folgendes zitiert:

Dietrich Schwanitz (Anm. der Verfasser):

»Die naturwissenschaftlichen Kenntnisse werden zwar in der Schule gelehrt; sie tragen auch einiges zum Verständnis der Natura aber wenig zum Verständnis der Kultur bei. ... (Und) so bedauerlich es manchem erscheinen mag: Naturwissenschaftliche Kenntnisse müssen zwar nicht versteckt werden, aber zur Bildung gehören sie nicht.«

[Fis2002, S. 10]

Fenster sein, nicht Spiegel

Man kann diese Grundidee auch anders – nämlich poetisch – formulieren, wenn man sich vor Augen hält, dass es zu den Aufgaben der Wissenschaft gehört, die Dinge zu durchschauen, sie also für uns durchsichtig zu machen. »Durchblick zu haben« gehört zu den Zielen vieler Menschen, und diese erwünschte Transparenz beschreibt Rainer Maria Rilke bildlich mit den Worten: »Fenster sein, nicht Spiegel«.[78] Sie zeigen

---

[78] Der genaue Wortlaut des Zitats aus Rilkes »Testament« von 1921 lautet: »Daß sie mir Fenster sei in den erweiterten Weltraum des Daseins... (nicht Spiegel).« Rilke, Rainer Maria: Werke. Kommentierte Ausgabe

nicht das, was sichtbar ist. Vielmehr zeigen sie das, was unsichtbar bleibt! Sie erklären etwas, das wir sehen – zum Beispiel das Fallen eines Apfels oder die variable Vielfalt der Lebensformen -, durch etwas, das wir nicht sehen, also durch die Schwerkraft der Erde oder die natürliche Selektion der Natur und ihre molekulare Grundlage. "Die Naturwissenschaften bringen im Bereich des Sichtbaren Fenster an, um uns die Möglichkeit zu geben, die Natur in diesem Rahmen zu durchschauen."

[Fis2002, S. 16]

Alexander von Humboldt erklärte auch, dass die eigentliche Aufgabe der Wissenschaft die Förderung der Humanität sei und dass dies sich bis in die Ausdrucksweise und Wortwahl zeigen müsse.

[Fis2002, S. 18]

Naturwissenschaft und Bildung gehören in Deutschland nicht unbedingt zusammen. Mir sind jedenfalls viele Menschen bekannt, die sich als gebildet bezeichnen, die so genannte Intelligenzblätter wie die Zeit oder den Spiegel lesen, die ins Theater gehen, etwa in die Schaubühne am Halleschen Ufer, die nur klassische Musik auf dem CD-Player spielen und Romane zum Beispiel von Martin Walser, nicht aber von Rosamunde Pilcher lesen, während sie zugleich gerne und bereitwillig zugeben, von den Naturwissenschaften nichts zu verstehen.

[Fis2002, S. 25]

Es geht bei Bildung um die Fähigkeit zur Kommunikation und zum Dialog, um den Prozess, der einem Individuum zu Selbstständigkeit und Freiheit verhelfen und die Möglichkeit zur Teilnahme am Kulturganzen bringen soll.[79]

Studierende sollten ausgebildet werden und konnten dabei ungebildet bleiben.

Es ist nicht zuletzt diese nun als schmerzhaft empfundene Lücke, die von den aktuellen Bemühungen um Bildung – etwa der von Dietrich Schwanitz – gefüllt werden soll.

[Fis2002, S. 26]

Leider gehört es vor allem in Deutschland zu dem Ritual einiger Geisteswissenschaftler, den Naturwissenschaften Qualitäten abzusprechen,

---

in vier Bänden, Band 4. Hg. V. M. Engel et al. Frankfurt 1996, S. 721.

[79] Fuhrmann, Manfred: Caesar oder Erasmus? Tübingen 1995.

die sie in Wirklichkeit haben und die man viel stärker propagieren sollte, um das Verständnis für diese immer noch geheimnisvolle Macht zu verbessern, die das Leben in unserer Gesellschaft stärker bestimmt, als vielen selbst gut informierten Beobachtern klar zu sein scheint. So kann man immer wieder die ebenso weit verbreitete, wie falsche Ansicht lesen, dass die Naturwissenschaften deshalb keinerlei Bildungswert besitzen, »weil sie ihrem methodischen Erkenntnisgewinn nach technisch und ihrer Verwertung nach praktisch orientiert sind«.[80] Natürlich gehören systematisches Experimentieren und technischer Nutzen zum Grundvermögen der Naturwissenschaften, aber sie lassen sich keinesfalls darauf reduzieren. Hier wird ein Teil mit dem Ganzen verwechselt, das doch voller Phantasie und Kreativität steckt, wie bei einigermaßen vorurteilsfreiem Blick für jeden Menschen nachvollziehbar sein müsste. Aber genau der scheint oft nicht vorhanden zu sein, wie das Beispiel von Jürgen Habermas zeigt, der im Jahre 1968, auf dem Höhepunkt der Studentenbewegung, folgendes vollkommen unzulängliches Bild von den gesellschaftlichen Wirkungen der Naturwissenschaft entworfen hat:

»Die Erkenntnisse der Atomphysik bleiben, für sich genommen, ohne Folgen für die Interpretation unserer Lebenswelt. [...] Erst wenn wir mit Hilfe der physikalischen Theorien Kernspaltungen durchführen, erst wenn die Informationen für die Entfaltung produktiver oder destruktiver Kräfte verwertet werden, können ihre umwälzenden praktischen Folgen in das literarische Bewusstsein der Lebenswelt eindringen, Gedichte entstehen im Anblick von Hiroshima und nicht durch die Verarbeitung von Hypothesen über die Umwandlung von Masse und Energie.«

[Fis2002, S. 28]

Wer Arthur Schopenhauer nicht kennt oder nie von ihm gehört hat, gilt als ungebildet. Wer hingegen Ludwig Boltzmann nicht unterbringen kann, macht sich über diese Lücke keine Sorgen – und kaum jemand wird ihm dies übel nehmen.

---

[80] Kopperschmidt, Josef: »Literarisches Sprechen im Zeitalter der Wissenschaften«. Sprachnot und Wirklichkeitszerfall. Hg. V. Elisabeth Meier. Düsseldorf 1972, S. 62-97.

Auf diese unterschiedliche Gewichtung von Wissen hat der britische Physiker, Dichter und Staatsmann Charles R. Snow bereits 1959 hingewiesen, als er seine zwar vielfach verworfene, sich aber hartnäckig behauptende These von den zwei Kulturen einführte. Snow unterschied die literarische Intelligenz (Autoren, Kritiker) von den Repräsentanten der naturwissenschaftlichen Fächer (Forscher, Ingenieure). Dann fragte er nach dem allgemeinen Verständnis der Themen, die in genannten Kreisen erörtert werden, und dabei fiel ihm das erwähnte Ungleichgewicht auf. Snow machte die fehlende Symmetrie an den Sonetten Shakespeares und dem Zweiten Hauptsatz der Thermodynamik fest, indem er bemerkte, dass jeder nickt, wenn von den Sonetten die Rede ist, während die gleichen Leute verständnislos mit dem Kopf schütteln, wenn die Wärmelehre und einer ihrer Hauptsätze angesprochen werden.

[Fis2002, S. 31]

Der eingebildete Gelehrte

Das Problem des physikalischen Lehrsatzes besteht darin, dass er am besten in einer Sprache zu formulieren ist, die vom Publikum weder geschätzt noch gesprochen wird. Gemeint ist die Mathematik, deren Beherrschung zu den ursprünglichen Zielen der Wissenschaft gehört, wie sie zum Beispiel von Galileo Galilei formuliert worden sind. Doch genau davor scheuen viele Menschen zurück, die stärker poetisch als analytisch begabt sind. Berühmt sind die Verse, die Novalis für seinen unvollendet gebliebenen Roman Heinrich von Ofterdingen vorgesehen hatte. Ihre ersten und letzten vier Zeilen lauten:

> *Wenn nicht mehr Zahlen und Figuren*
> *Sind Schlüssel aller Kreaturen,*
> *Wenn die so singen, oder küssen*
> *Mehr als die Tiefgelehrten wissen.*
>
> *...*
>
> *Und man in Märchen und Gedichten*
> *Erkennt die wahren Weltgeschichten,*
> *Dann fliegt vor Einem geheimen Wort*
> *Das ganze verkehrte Wesen fort.*

Was die Wissenschaft hervorbringt, kommt vielen künstlerisch empfindenden oder sich so gebenden Menschen tatsächlich oft als »verkehrtes

Wesen« vor. Ein berühmtes Beispiel liefert Alfred Döblin, der die Welt nicht mehr verstand, nachdem Einstein den Kosmos neu beschrieben hatte. Der Autor des Romans „Berlin Alexanderplatz" protestierte lautstark, als er hörte, dass die Allgemeine Relativitätstheorie bzw. die damit verbundenen Gleichungen der Gravitation den Kosmos und seine raumzeitliche Wirklichkeit offenbar besser beschreiben konnten als alle physikalischen Ansätze zuvor, die mit Isaac Newton begonnen hatten und mit seinem Namen verbunden geblieben sind. […] Döblins Problem steckte nicht in dieser Akrobatik der vertrackten Anschauung, der zufolge Raum und Zeit nicht bloß entleert werden, sondern selbst verschwinden, wenn man versucht, die Dinge aus ihnen zu entfernen. Seine Klage richtete sich vielmehr gegen die Tatsache, dass Einstein sein Wissen und seine Kenntnisse über den Kosmos mit Hilfe komplizierter mathematischer Verfahren gewonnen hatte, in denen es unter anderem um Kovarianz, Tensoranalysis und Differentialgleichungen ging, also um Hervorbringungen des analytischen Verstandes, die für Döblin und die meisten Menschen unzugänglich bleiben. Für sie gab und gibt es in dieser so abstrakt wirkenden Formelwelt nichts zu verstehen, und der eigentliche Skandal steckt darin, dass sie dazu verurteilt scheinen, in einem Kosmos zu leben, der nur noch den wenigen Eingeweihten zugänglich ist, die mit der Sprache der höheren Mathematik vertraut sind. Döblin lehnte sich dagegen auf, dass der Erfolg des Forschers den Dichter vom Verständnis der Welt ausschloss, in der doch beide gemeinsam lebten. Wie konnte es einem großen Teil der Menschen verwehrt sein, etwas über die Strukturen ihrer Welt – über die Geometrie ihres Universum – zu wissen?

[Fis2002, S. 32f.]

8.2 Die Wege der Erkenntnis

Um den bisher besprochenen Begriffen Bedeutung zu geben werden im Folgenden, nach einer Idee von K. Eberhard [Ebe1987], die unterschiedlichen Möglichkeiten der Erkenntnisgewinnung aufgezeigt. Um seine sechs Erkenntniswege besser zu illustrieren, werden sie historisch in die Entwicklung der Menschheit eingeordnet.

Dominanter Erkenntnisweg	Dominante Wirtschaftsform
I. mystisch-magischer	1. Sammlergruppen – Sammlung von pflanzlicher und tierischer Nahrung 2. Wildbeutergruppen – Sammeln und Jagen
II. deduktiv-dogmatischer	3. Bäuerliche Sippenverbände –Ackerbau und Viehzucht 4. Feudalistische Gesellschaft – Ackerbau und Viehzucht im zentralisierten Staaten
III. induktiv-empiristischer	5. Frühkapitalistische Gesellschaft – Städtisches Handwerk und Warenhandel
IV. deduktiv-theoriekritischer	6. Spätkapitalistische Gesellschaft – Übernationale Industrie, Waren- und Kapitalhandel, Globalisierung
V. Dialektisch-materialistischer	? 7. Sozial kontrollierter Kapitalismus ? – Kapitalkonzentration gegen Partizipation
VI. Aktionsforschung	

I. Der mystisch-magische Erkenntnisweg

Der mystisch-magische Erkenntnisweg ist für einen allgemein-gesellschaftlichen Erkenntnisweg nicht geeignet, da er keine allgemeingültigen Hypothesen formuliert, sondern den Erkenntnisprozess individuell in die Verbindung Mensch-Natur legt. Die Verbindung muss/sollte dabei vorbehalt- und vorstellungslos sein. Die Erfahrung wird durch die meditative Innenschau ermöglicht. Als magischer Einfluss wird die Rückwirkung des eigenen Wesens auf das Empfangene angesehen. Eine Beschreibung ist nur schwer möglich. Um dies zu verdeutlichen kann vielleicht ein Zitat von MEISTER ECKHART[81] helfen:

Ich habe überstiegen alle Berge und all meine Vermögen, bis an die dunkle Kraft des Vaters. Da hörte ich ohne Laut, da sah ich ohne Licht, da roch ich ohne Bewegen, da schmeckte ich das, was nicht war, da spürte ich das, was nicht bestand. Dann wurde mein Herz grundlos, meine Seele lieblos, mein Geist formlos und meine Natur wesenlos.

MEISTER ECKHART – Die Braut im Hohenliede

---

[81] MEISTER ECKHART 1260 – 1328 Mystiker und Philosoph, eigentlicher Name Eckhart von Hochheim

Dieses Zitat hört sich auch durch sein Alter für uns sehr ungewöhnlich an, aber ebenfalls bei LUDWIG WITTGENSTEIN[82] kann man eine mystisch-magische Sichtweise erkennen:

Meine Sätze erläutern dadurch, daß sie der, welcher mich versteht, am Ende als unsinnig erkenne, wenn er durch sie – auf ihnen – über sie hinausgestiegen ist (Er muß sozusagen die Leiter wegwerfen, nachdem er auf ihr hinaufgestiegen ist) ... Wovon man nicht sprechen kann, darüber muß man schweigen!

L. WITTGENSTEIN [Wit1918, Ziffer 6.54 und 7]

Der mystisch-magische Erkenntnisweg wird in den etablierten Wissenschaften tabuisiert, kann aber andererseits nicht völlig ignoriert werden, da viele naturwissenschaftliche Erkenntnisse und Ideen über die Innenschau gefunden wurden. Populärstes Beispiel hierfür ist die Schlange, die sich in den Schwanz beißt, und das Geheimnis des Benzolringes ($H_6 C_6$) für Friedrich August KEKULÉ von Stradonitz[83] entschlüsselt.

Der mystisch-magische Erkenntnisweg kann als erste strukturierte Möglichkeit des Menschen angesehen werden, zu Erkenntnissen zu gelangen. Es scheint wahrscheinlich, dass sich bei den **1. Sammlergruppen** im Tier-Mensch Übergangsfeld der mystisch-magische Erkenntnisweg herausgebildet hat. Vermutlich hatte die Frau die dominante Stellung inne, aber nicht aus Sicht eines beherrschenden Matriarchats, sondern aus der gesellschaftlichen Bedeutung heraus [s.h. Ebe1987, S. 62]. Der verbreitete Ahnenkult kann aus dem Zustandekommen von Traumbildern abgeleitet werden, da man dachte, dass sich im Traum den Ahnen genähert werden könnte.

Auch noch bei den **2. Wildbeutergruppen** lässt sich aus den Funden von Kulturgegenständen ableiten, dass sie eine mystisch-magische Orientierung hatten. Zusätzlich zum Ahnenkult kommt die Verehrung der Natur und vor allem des Jagdwildes

[82] LUDWIG WITTGENSTEIN 1889 – 1951 österreichisch-britischer Philosoph
[83] FRIEDRICH AUGUST KEKULÉ 1829 – 1896 deutscher Chemiker

hinzu (Höhlenmalerei). Der Mann gewinnt durch die bevorzugte Jagd an Bedeutung. Die Frau ist aber ebenso wichtig für den Sippenverband (Venusstatuetten).

II. Der deduktiv-dogmatische Erkenntnisweg

Im deduktiv-dogmatischen Erkenntnisweg wird von der Richtigkeit einer bestimmten umfassenden Aussage/Theorie oder eines autorisierten Textes ausgegangen. Fragen werden durch logische Regeln deduktiv beantwortet. Die Richtigkeit des Systems wird dabei nicht in Frage gestellt (dogmatisch). Als Beispiel leitet sich die Technik deduktiv-dogmatisch aus der Physik ab, oder die Medizin aus der Biologie. Die Mathematik ist rein deduktiv-dogmatisch, da ihr System aus erdachten Vorgaben gebildet wird. In der dogmatischen Theologie geht es nicht um eine spirituelle Erkenntnis, wie etwa im mystisch-magischen Weg, sondern um eine Beantwortung von Fragen aus einem zentralen Text. Die drei wichtigsten Beispiel hierfür sind die drei westlichen Buchreligionen (Das Judentum, welches sich auf die Tora stützt, das Christentum mit der Bibel und der Islam mit dem Koran.).

Aus historischer Sicht ist der deduktiv-dogmatische Erkenntnisweg wichtig, da er den mystisch-magischen ablöst und dadurch Großgesellschaften ermöglicht. Denn Gesellschaften mit einem dogmatischen Lehrgebäude hatten gegenüber ihren Konkurrenten einen klaren Vorteil, eine abgrenzende und dadurch gruppenstärkende gemeinsame Weltsicht. Im Rationalismus erreicht der deduktiv-dogmatische Weg seinen Höhepunkt. Hier wird nicht nur die Logik der Deduktion verwendet, sondern die Ratio selbst als Ausgangspunkt der Ableitung genommen. Von ihr wird die Welt deduktiv abgeleitet. Die Erkenntnisse über die Natur sind somit rein erdachte Wahrheiten.

Bei den **3. Bäuerlichen Sippenverbänden** bricht der Bauer mit der Naturverehrung, da er die Natur unter seine Herrschaft zwingt (Ackerbau und Domestikation der Tiere). Dieser Bruch macht es unmöglich, sich durch die Stimme der Natur leiten zu lassen und er verlässt den mystisch-magischen Weg. Für den frühen, erfolgreichen Ackerbau

ist es wichtig, dass in ihm ein traditionalistisches Denken vorherrscht, da Neuerungen in der Landwirtschaft verheerende Folgen haben können (Die Dreifelderwirtschaft setzte sich erst im 11. Jahrhundert durch). Der älteste Bauer ist zugleich religiöses Oberhaupt, so reicht er nicht nur die agrarwirtschaftlichen, sondern auch die ideologischen Traditionen seiner Väter weiter. Probleme werden möglichst mit Hilfe eines alten tradierten Wissens gelöst.

In der **4. Feudalistischen Gesellschaft** nahm die Bevölkerungsdichte durch den Erfolg des Ackerbaus und der Viehzucht rapide zu. Der Überschuss an Nahrungsmitteln konzentrierte Reichtum und Macht, was dann in einer zentralisierten Herrschaft mündete. Der Herrscher war sowohl weltliches als auch religiöses Oberhaupt[84]. Überall wo Staaten auf der Basis von Ackerbau und Viehzucht entstanden, erlangte der deduktiv-dogmatische Erkenntnisweg eine eindeutige Vormachtstellung. Entscheidend hierfür war die Entwicklung der Schrift, da hierdurch die eigene Weltanschauung für das Volk verbindlich gemacht werden konnte. Sie wurde festgeschrieben und mit diesem Akt wurde spätestens der mystisch-magische Erkenntnisweg verlassen.

Die abendländische Geschichte wurde von dem Dreiergespann aus Patriarchat, deduktiv-dogmatischem Erkenntnisweg und klerikal-feudalistischem Zentralismus, bis zum Aufstieg des Bürgertums bestimmt und ist noch immer wirksam.

III. Der induktiv-empiristische Erkenntnisweg

Der induktiv-empiristische Erkenntnisweg führt über die Verallgemeinerung von beobachtbaren Erfahrungen zu umfassenden Aussagen und schließlich zu einer Theorie.

Der induktiv-empiristische Weg löste in der Handwerker- und Händlerschicht die deduktiv-dogmatische Denkweise ab, da er einerseits, bei zeitlich schnellen Erfahrungen, nützlich ist und zum andern eine größere Toleranz Andersdenkenden gegenüber zulässt.

---

[84] K. Eberhard [Ebe1987, S.68]: *Innerhalb eines Lebens schmiedet Moses aus etlichen mystisch-magisch orientierten Hirtenstämmen ein seßhaftes deduktiv-dogmatisch ausgerichtetes Staatsvolk. Verkürzt ausgedrückt: Moses steigt als Mystiker auf den Berg (er war zur direkten Verbindung mit Gott fähig) und kam als Dogmatiker wieder herunter (mit den in Stein geschlagenen 10 Geboten).*

Ein klarer Vorteil des induktiv-empiristischen Erkenntnisweges ist es, dass er das Denken von anachronistischen Dogmen befreit und sich besser auf die sich verändernde Welt einstellen kann. Der Aufschwung der modernen Natur- und Sozialwissenschaft ist ihm zu verdanken.

Als Nachteil technisch-methodischer Art ist der Aufwand zu sehen, mit dem induktiv-empiristische Erkenntnisse gesammelt werden. Ein inhaltlicher Nachteil ist, dass durch gleiche Erfahrungen unterschiedliche Erklärungen und Theorien entstehen können. Sogar wenn alle in Konsens mit der Theorie sind, heißt dies nicht, dass sie richtig sein muss. Die Gewissheit der Wahrheit geht verloren.

Repräsentative Stichproben (Deskriptive Statistik) sowie generalisierende Rückschlüsse (Inferenzstatistik), wie z. B. in der Demoskopie sind typische moderne induktiv-empiristische Methoden.

Wichtig wäre es noch zu erwähnen, dass Aussagen in vielen Untersuchungen weder durch vollständige noch durch unvollständige Induktion gewonnen werden, sondern durch hermeneutische Interpretation und damit zwar nicht dem induktiven Ansatz entsprechen, aber so getan wird, als ob sie dies tun würden.

In der **5. Frühkapitalistischen Gesellschaft** kam es, durch die Bildung von eigenständigen Städten, in denen Kaufleute und Handwerker das Sagen hatten und durch den technisch-wissenschaftlichen Fortschritt, zur Ablösung der deduktiv-dogmatischen Sichtweise. Viele neue Informationen mussten aufgenommen und verarbeitet (eingeordnet, bewertet, dargestellt, ...) werden, dies führte zur Entwicklung der induktiv-empiristischen Methodologie.

IV. Der deduktiv-theoriekritische Erkenntnisweg

In einer Hinsicht geht der deduktiv-theoriekritische Weg ähnlich vor wie der deduktiv-dogmatische Weg, der von einer allgemeinen Ansicht seine Schlüsse ableitet. Doch wird hier der Theorie nicht blind vertraut, sondern sie wird im Gegenteil kritisch beäugt. Die Deduktion hat die Aufgabe, Hypothesen zu generieren, an denen die Theorie geprüft werden kann. Wie die Theorien gefunden werden ist dabei nicht von Interesse, sondern nur ihre Widerlegung (Falsifikation) oder Bestätigung (Verifikation). Die Erfahrung ist hier Prüfstein und nicht Baustein der Theorie, wie im induktiv-empiristischen Erkenntnisweg. Durch den deduktiv-theoriekritischen Weg werden Theorien des menschlichen Denkens einer logischen und empirischen Überprüfung zugeführt.

Die Vorteile dieser Herangehensweise sind beachtlich, da sie eine innere Logik der Theorie garantieren und diese auf den Prüfstand der Empirie stellen. Da nur Teile einer Theorie überprüft werden, hält sich der Forschungsaufwand in Grenzen und durch die Zerteilung der Theorie ist es möglich, Laborexperimente zu kreieren. Die Fremdüberprüfung ist beim deduktiv- theoriekritischen Erkenntnisweg am einfachsten.

Zusammenfassend komme ich zu folgender Stellungnahme über den deduktiv-theoriekritischen Erkenntnisweg: So lange wie möglich sollte man seine Vorteile nutzen, sich aber nicht von ihm einengen lassen, wenn Erkenntnisinteressen vorliegen, die in seinem Rahmen nicht verfolgt werden können.

K. EBERHARD [Ebe1987, S.45]

Die heutige Zeit kann als **6. Spätkapitalistische Gesellschaft** gelten. Durch die Probleme, die sich aus dem frühen 20. Jahrhundert ergaben, kam es zu einer Abkehr vom induktiv-empiristischen hin zum deduktiv-theoriekritischen Weg. Dabei kam es zu einer Verknüpfung von bürgerlichem Freiheitsideal und fundamentaler Skepsis, was vorher schon als kritischer Rationalismus beschrieben wurde.

V: Der dialektisch-materialistische Erkenntnisweg

Im Altertum verstand man unter Dialektik die Methode, durch das Aufeinandertreffen einander widersprüchlicher Meinungen und die Überwindung der Widersprüche im Gespräch zur Wahrheit zu gelangen. ... Bei Hegel ist die Dialektik zugleich die innere Gesetzmäßigkeit der Selbstbewegung des Denkens und der Selbstbewegung der Wirklichkeit (Identität von Denken und Sein).

[KlaBuh1971, S. 239]

Materialismus ist die dem Idealismus entgegengesetzte Grundrichtung der Philosophie; Name für diejenige Weltanschauungen, die die Grundfrage der Philosophie dahingehend beantwortet, daß die Materie gegenüber dem Bewußtsein in letzter Instanz das Primäre, das Bestimmende ist.

[KlaBuh 1971, S. 79]

Die erkenntnistheoretische Grundlage von KARL MARX[85] und FRIEDRICH EN-GELS[86] kommt aus der Verbindung der hegelschen Dialektik und dem Materialismus von LUDWIG FEUERBACH[87] und bildet so den dialektischen Materialismus[88].

Im dialektisch-materialistischen Erkenntnisweg wird postuliert, dass die Realität durch unterschiedlich organisierte Materie konstruiert wird. Diese unterschiedliche Materie ist in ständiger, durch innere Widersprüche erzeugter Bewegung. Die Erkenntnis kann aus der möglichst umfassenden Analyse der realen Konstellationen, einschließlich ihrer Geschichte, gewonnen werden.

Im dialektisch-materialistischen Erkenntnisweg wird die Welt von inneren Widersprüchen angetrieben. Zu jeder Ursache muss eine Gegenursache gefunden werden können (Wie etwa im Wechselwirkungsprinzip *actio gleich reactio* (3. Newtonsche Axiom)).

Er ist vor allem in der Psychologie wichtig, da er z. B. von der behavioristischen Sichtweise (Black-Box) hin zu einer inneren Psychologie lenken kann.

Nachteil ist, dass er in sich keinen eigenen Wahrheitsprüfmechanismus hat und so durch andere Verfahren auf Richtigkeit geprüft oder sich praktisch bewähren muss.

Gegenwärtig scheint die marxistische Vorhersage, dass die Arbeiterklasse die Macht im Staate erkämpft und den Sozialismus oder den **7. Sozial kontrollierten Kapitalismus** etabliert, eher unrealistisch. Wenn man überlegt, wer sich dem dialektisch-materialistischen Erkenntnisweg anschließen könnte oder angeschlossen hat, dann fallen einem als erstes die Sozialwissenschaften ein. Da die vielen Widersprüche, die eine moderne Gesellschaft hat, nicht so gut durch ein naturwissenschaftlich ausgerichtetes

---

85 KARL MARX 1819 – 1883 deutscher Philosoph

86 FRIEDRICH ENGELS 1820 – 1895 deutscher Unternehmer und Philosoph

87 LUDWIG FEUERBACH 1804 – 1872 deutscher Philosoph

88 Als eigentlicher Begründer muss aber HERAKLIT genannt werden.

deduktiv-theoriekritisches System erklärt werden können, ist es notwendig, neue Erkenntniswege zu beschreiten. Vielleicht ist es möglich, mit einer dialektisch-materialistischen Sicht in Zukunft die Komplexität sozialer Systeme zu erfassen.

VI. Der Erkenntnisweg der Aktionsforschung

In der Aktions-, Handlungs- oder Feldforschung wird die im Wissenschaftsbetrieb übliche Trennung von Forschung und Praxis aufgehoben. Das Erlebte wird gemeinsam im Rahmen einer kollektiven Reflexion (sog. Diskurse) analysiert, nicht um allgemeingültige Erkenntnisse zu erlangen, sondern zur Steuerung der weiteren Praxis, die wiederum reflektiert werden muss. Der Wissenschaftler gibt also die Position des möglichst objektiven Beobachters auf. Gemeinsam mit anderen Betroffenen beteiligt er sich am Geschehen, welches er beeinflusst und untersucht.

Klarer Nachteil ist, dass Ergebnisse der Aktionsforschung nicht verallgemeinert werden dürfen. Abgeleitete Hypothesen können aber im Rahmen der deduktiv-theoriekritischen Methodik überprüft werden. Dem Objektivitätsverlust steht ein Gewinn an Subjektivität gegenüber, die Beteiligten werden selbst zu Betroffenen. Betroffene haben aber den Vorteil, dass sich ihnen Erlebnisse und Erkenntnisse öffnen, die dem objektiv distanzierten Beobachter verborgen bleiben.

8.3 Fragebogen zu den Interessengebieten

Mein Interesse daran ist …	5 sehr groß	4 groß	3 mittel	2 gering	1 sehr gering
01. Über die friedliche und die militärische Nutzung von Beobachtungssatelliten diskutieren und ihre Bedeutung einschätzen.					
02. Mehr darüber erfahren, wie Farben am Himmel zustandekommen (Himmelsblau, Abendrot, Regenbogen).					
03. Mehr darüber erfahren, welche Aufgaben elektronische Bauteile in Haushaltgeräten haben (z. B. im Kühlschrank oder in der Waschmaschine).					
04. Darüber diskutieren, welchen Sinn Lärmschutzverordnungen haben und an wen man sich bei Lärmbelästigungen wenden kann.					
05. Mehr Einblick erhalten, wie Mikroskope oder verschiedene Spiegel in einer Arztpraxis Verwendung finden.					
06. Mehr darüber erfahren, wie die ganze Welt aus kleinen Teilchen (den Atomen) aufgebaut ist, und diese aus noch kleineren Teilchen (den Elementarteilchen) aufgebaut sind.					
07. Sich mit der Umweltgefährdung durch giftige Rauchgase beschäftigen und über mögliche Gegenmaßnahmen diskutieren.					
08. Mehr darüber erfahren, wie verschiedene Geräusche bei einem Gewitter zustandekommen (z. B. langes dumpfes Donnern, kurzes prasselndes Krachen).					
09. Mehr darüber erfahren, wie man die Lichtbrechung mathematisch berechnen kann.					
10. Sich mit Unfallstatistiken beschäftigen und über den Sinn von Geschwindigkeitsbegrenzungen diskutieren.					
11. Mehr darüber erfahren, wie das Wetter zustande kommt.					
12. Mehr Einblick erhalten, welche kraftsparenden Geräte in einer Autowerkstatt verwendet werden.					
13. Sich mit der Umweltbelastung verschiedener Kraftwerke beschäftigen und über die Möglichkeiten einer umweltfreundlichen Erzeugung elektrischen Stroms diskutieren.					
14. Mehr Einblick erhalten, welche künstlichen Organe (z. B. Herz als Blutpumpe) und Gelenke heute in der Medizin zur Verfügung stehen.					
15. Ein Gerät bauen, mit dem man radioaktive Strahlen nachweisen kann.					
16. Über militarische und friedliche Anwendungen von Lasern diskutieren.					
17. Mehr darüber erfahren, wie es kommt, dass kleine Rauchteilchen eine ständige Zitterbewegung ausführen.					
18. Versuche planen zu der Frage, wovon es abhängt, wie schnell ein Gegenstand abkühlt.					
19. Sich mit der militärischen und friedlichen Anwendung von Kernenergie beschäftigen und darüber diskutieren, wie Unheil abgewendet werden kann.					
20. Mehr Einblick erhalten, wie in einer Klinik krankes Gewebe und Krankheitserreger mit einem Mikroskop untersucht werden.					
21. Die Stromstärken beim Anschluss mehrerer elektrischer Geräte berechnen.					

Summe

Geteilt durch 7

Wert

9 Literatur

Literatur Kap. 1: Einleitung und Bildung

[Bay2009] BAYER, R. (2009) *Kompetenzmatrix* (NBS) [CC-BY-NC-ND]. Kompetenzorientierter Physikunterricht. https://lehrerfortbildung-bw.de/u_matnatech/physik/gym/bp2004/fb1/plan/basis/konkret/k_matrix/index.html (13.11.2017)

[BibMos1.26] Bibel (1985) *Altes Testament* MOSES 1 Vers 26. Stuttgart: Deutsche Bibelgesellschaft

[Bie2005] BIERI, P. (2005) *Wie wäre es gebildet zu sein?* Festrede von Prof. Dr. Peter Bieri. PH Bern. Online: *http://www.hwr-berlin.de/fileadmin/downloads_internet/publikationen/Birie_Gebildet_sein.pdf* (20.05.2013)

[BleDahJun+1999] BLEICHROTH, W.; DAHNCKE, H.; JUNG, W.; KUHN, W.; MERZYN, G.; WELTNER, K. (1999*) Fachdidaktik Physik.* Aulis Verlag Deubner Köln. Aufl. 2

[Ble1969] BLEICHROTH, W. (1969) *Die Didaktik des Physik-/Chemieunterrichts als Wissenschaft.* In: didactica 3 S. 91-111

[Ben2003] BENNER, D. (2003) *Wilhelm Humboldts Bildungstheorie. Eine problemgeschichtliche Studie zum Begründungszusammenhang neuzeitlicher Bildungsreform.* 3 Auflage, Weinheim: Juventa-Verlag

[BIF2011] BIFIE (2011) Kompetenzmodell Naturwissenschaften 8. Schulstufe

[Bil2004] Beschlüsse der Kultusministerkonferenz. (2004) *Bildungsstandards im Fach Physik für den Mittleren Schulabschluss (Jahrgangsstufe 10).* Luchterhand. Online: *http://www.kmk.org/fileadmin/veroeffentlichungen_beschluesse/2004/2004_12_16-Bildungsstandards-Physik-Mittleren-SA.pdf* (20.05.2013)

[BroKie2008] BROMME, R.; KIENHAUS, D. (2008*) Epistemologische Überzeugungen: Was wir von (natur-)wissenschaftlichem Wissen erwarten können.* S. 193-201. In: ZUMBACH, J.; MANDL, H. (Hg.) Pädagogische Psychologie in Theorie

	und Praxis. Ein fallbasiertes Lehrbuch. Göttingen: Hogrefe-Verlag
[Dah1994]	DAHNCKE, H. (1994) *Legitimation des Physikunterrichts aus dem Bildungsbegriff.* In: Physik in der Schule 32 S. 403-408
[DörPoeWig2008]	DÖRPINGHAUS, A.; POENTISCH, A.; WIGGER, L. (2008) *Einführung in die Theorie der Bildung.* 2. Auflage, Darmstadt: Wiss. Buchgesellschaft.
[Düh2006]	DÜHLMEIER, B. (2006) *Fächerübergreifende Kompetenzen.* S. 200 – 205. In: Arnold, K.; Sandfuchs, U.; Wiechmann, J. (Hg.): Handbuch Unterricht. Bad Heilbrunn: Klinkhardt.
[Fis2002]	FISCHER, E. P. (2002) *Die andere Bildung.* Ullstein Verlag, 8. Auflage
[GfdN2011]	(2011) Grundkompetenzen für die Naturwissenschaften. Nationale Bildungsstandards. ONLINE 02.12.2017
[Goe1808]	GOETHE, J. W. (1808) *Faust 1. Der Tragödie erster Teil.* Reclam 1986
[Goe1829]	GOETHE, J. W. (1829) *Wilhelm Meisters Wanderjahre.* Reclam 1986
[HäuFreHof+1983]	HÄUßER, P.; FREY, K.; HOFFMANN, L.; ROST, J.; SPADA, H. (1983) *Physikalische Bildung für heute und morgen.* Beilage zu Naturwissenschaften im Unterricht – Physik/Chemie Heft 12 1983 und Praxis der Naturwissenschaften – Physik Heft 12 1983; Beiträge ebenfalls vollständig in HÄUßLER, P.; FREY, K.; HOFFMANN, L.; ROST, J. SPADA, H.: Physikalische Bildung: Eine curriculare Delphi-Studie Teil I und Teil II – IPN-Arbeitsbericht 41/42 Kiel: IPN 1980
[Jun1970]	JUNG, W. (1970) *Beiträge zur Didaktik der Physik.* Frankfurt am Main, Berlin, München
[Kan1785]	KANT, I. (1785) *Grundlegung zur Metaphysik der Sitte.* In Akademie-Ausgabe Kant Werke IV, Walter de Gruyer 1968, S. 421

[Kla1996]	KLAFKI, W. (1996) *Neue Studien zur Bildungstheorie und Didaktik. Zeitgemäße Allgemeinbildung und kritisch-konstruktivistische Didaktik.* 5. Auflage, Weinheim: Beltz, S. 53
[Ker1914]	KERSCHENSTEINER, G. (1914) *Wesen und Wert des naturwissenschaftlichen Unterrichts.* München: Oldenbourg 1952
[Kuhn1996]	KUHN, W. (1996) *Kuhn Physik 1.1.* Westermann Braunschweig
[Lie2006]	LIESSMANN, K. P. (2006) *Theorie der Unbildung: Die Irrtümer des Wissensgesellschaft.* Wien: Paul Zsolnay Verlag
[Nie1872]	NIETZSCHE, F. (1872) *Ueber die Zukunft unserer Bildungsanstalten. Vortrag IV* In: Werke in drei Bänden. München 1954, Band 3, S. 229-247 Online: http://www.nietzschesource.org/texts/eKGWB/BA (20.05.2013)
[Pis2000]	Deutsches PISA-Konsortium (2002) *PISA 2000 – Die Länder der Bundesrepublik Deutschland im Vergleich.* Wiesbaden: VS-Verlag
[Pes1801]	PESTALOZZI, H. (1801) *Wie Gertrud ihre Kinder lehrt.* Bad Schwartau: WfB 2006
[Roth2007]	ROTH, G. (2007) *Persönlichkeit, Entscheidung und Verhalten.* Stuttgart: Klett-Cotta
[Schei2006]	SCHEIER, C.-A. (2006) *Die Wissenschaftlichkeit der Psychoanalyse und das Ende des Psychologismus: Freuds „Entwurf einer Psychologie" von 1895.* Vorlesungen. Wintersemester 2006/07 und Sommersemester 2007 Braunschweig
[SchWie2007]	SCHECKER, H.; WIESNER, H. (2007) *Die Bildungsstandards Physik.* In PdN-PhiS 6/56 Jg. 2007 Standards
[StrHerHav+2016]	STRAHL, A.; HERBST, M.; HAVLENA, S.A.; BIERWIRTH, R. (2016) *Die zwei Kulturen: Mit Literatur Physik vermitteln?!* PhyDid B

| [Wag1962] | WAGENSCHEIN, M. (1962) *Die Pädagogische Dimension der Physik*. Wiederaufgelegt. Aachen: Hahner Verlagsgesellschaft Neu Aufl. von 1995 |
| [Wil2003] | WILLER, J. (2003) *Didaktik des Physikunterrichts*. Frankfurt: Verlag Harri Deutsch |

Literatur Kap. 2: Natur der Naturwissenschaft

[BarStaPie+2006]	BARTHOLOMÉ, T.; STAHL, E.; PIESCHL, S.; BROMME, R. (2006) *What matters in help-seeking? A study of hlp effectiveness and learner-related factors*. Computers in Human Behavior, 22, 113-129
[BleDahJun+1991]	BLEICHROTH, W., DAHNCKE, H., JUNG, W., KUHN, W., MERZYN, G., WELTNER, K. (1991) *Fachdidaktik Physik*. Köln: Aulis-Verlag Deubner.
[BroKie2008]	BROMME, R.; KIENHUES, D. (2008) *Epistemologische Überzeugungen: Was wir von (natur-) wissenschaftlichem Wissen erwarten können*. In ZUMBACH, J; MANDL, H. (Hg.): Pädagogische Psychologie in Theorie und Praxis. Ein fallbasiertes Lehrbuch. Göttingen: Hogrefe, S. 193-201
[Bun1973]	BUNGE, M. (1973) *Method, Model and Matter*. Dordrecht: Kluwer
[DuiGly1992]	DUIT, R.; GLYNN, S. (1992) *Analogien und Metaphern, Brücken zum Verständnis im schülergerechten Physikunterricht*. In: Häußler, P. (Hrsg): Physikunterricht und Menschenbildung. Kiel: IPN, S. 223-250
[Dud2010]	DUDEN - *Das Fremdwörterbuch* (2010) 10. Aufl. Mannheim
[Ebe1987]	EBERHARD, K. (1987) *Einführung in die Erkenntnis- und Wissenschaftstheorie: Geschichte und Praxis der konkurrierenden Erkenntniswege*. 2. Aufl. 1999, Stuttgart, Berlin, Köln, Kohlhammer
[Fey1974]	FEYNMAN, R. (1974) *Cargo Cult Science*. Engineering and Science 37:7

[GryGünKir2004]	GRYGIER, P.; GÜNTHER, J.; KIRCHER, E. (2004) *Über Natur-wissenschaften lernen – Vermittlung von Wissenschafts-verständnis in der Grundschule*. Baltmannsweiler: Schneider.
[Gün2006]	GÜNTHER, J. (2006) *Lehrerfortbildung über die Natur der Naturwissenschaften*. In der Reihe: Studien zum Physik- und Chemielernen - Band 52. Berlin: Logos
[Jon1979]	JONAS, H. (1979) *Das Prinzip Verantwortung: Versuch einer Ethik für die technologische Zivilisation*. Neuauflage, 3. Auflage Suhrkamp Verlag 2003
[Kan1781]	KANT, I. (1781) *Kritik der reinen Vernunft.*
[Ker2007]	Kerncurriculum für die Realschule Schuljahrgänge 5 -10, Naturwissenschaften, Niedersachsen (2007), Herausge-geben vom Niedersächsischen Kultusministerium, Schiffgraben 12, 30159 Hannover, *http://db2.nibis.de/1db/cuvo/datei/kc_phy-sik_go_i_2009.pdf* (20.05.2013)
[Kir1995]	KIRCHER E. (1995) *Studien zur Physikdidaktik- Erkenntnis-und wissenschaftstheoretische Grundlagen*. Kiel: IPN
[KirDit2004]	KIRCHER, E.; DITTMER, A. (2004) *Lehren und Lernen über die Natur der Naturwissenschaft – ein Überblick*. In: HÖSSLER, C.; HÖTTECKE, D.; KIRCHER, E. (Hg.) Lehren und Ler-nen über die Natur der Naturwissenschaft. Baltmanns-weiler, Schneider Verlag Hohengehren
[KirGirHäu2001]	KIRCHER, E.; GIRWIDZ, R.; HÄUßER, P. (2001) *Phsikdidaktik eine Einführung*. Berlin, Heidelberg, New York, Springer
[Kuh1989]	KUHN D. (1989) *Children and adults as intuitive scientists.* In: Psychological Review, 96, S.647-689
[HößLud2004]	HÖSSLE, C.; LUDE, A. (2004) *Bioetik im naturwissenschaftli-chen Unterricht – ein Problemaufiss*. In: HÖSSLE, C.; HÖT-TECKE, D.; KIRCHER, E. (Hg.) Lehren und Lernen über die Natur der Naturwissenschaften. Baltmannsweiler, Schneider Verlag Hohengehren

[Höt2001]   Höttecke D. (2001) *Die Natur der Naturwissenschaften historisch verstehen.* Berlin: Logos

[HötRie2015]   Höttecke, D. & Rieß F. (2015) Naturwissenschaftliches Experimentieren im Lichte der jüngeren Wissenschaftsforschung – Auf der Suche nach einem authentischen Experimentierebegriff der Fachdidaktik. ZfDN 21:127-139

[HuaHua2012]   Huang, C.; Huang M. (2012) *The Scale of the Universe 2. http://htwins.net/scale2/* (20.05.2013)

[Hum1748]   Hume, D. (1748) *An Enquiry Concerning Human Understanding.* CreateSpace Independent Publishing Platform 2011

[Gru1949]   Grundgesetz für die Bundesrepublik Deutschland. (1949) Bundeszentral für politische Bildung Bonn. Stand: Juli 2010: Reklam.

[JacSpi1995]   Jacobsen, M.; Spiro, R. J. (1995) *Hypertext learning environments, cognitive flexibility, and the transfer of complex knowledge: An empirical investigation.* Journal of Educational Computing Research, 12, 301-333

[LanSzuTom2011]   Landau C.; Szudek A.; Tomley S. (2011): *Das Philosophie-Buch: Großen Ideen und ihre Denker.* Dorling Kindersley

[Les2002]   Lesch, H. (2002) *Was sind Tachyonen?* alpha-Centauri *http://www.br.de/fernsehen/br-alpha/sendungen/alpha-centauri/alpha-centauri-tachyonen-2002_x100.html* (20.05.2013)

[Lud1978]   Ludwig, G. (1978) *Die Grundstrukturen einer physikalischen Theorie.* Berlin, Heidelberg, New York: Springer

[Mas2000]   Mason, L. (2000) *Role of anormalous data and epsitemological beliefs in middle students´ theory change on two controversial topics.* Contemporary Educational Psychology, 29, 103-128

[Marx1867]   Marx, K. (1867) *Der Produktionsprozess des Kapitals.* (Das Kapital – Band I) Dietz, Berlin 2008

[McC1998]	McComas, W. F. (1998) *The nature of science in science education.* Springer
[Mye2008]	Myers, D. G. (2005) *Psychologie.* Springer
[Pop1976]	Popper, K. (1976) *Logik der Forschung.* Tübingen: J.B.C. Mohr
[QiaAlv1995]	Qian, G.; Alverman, D. (1995) *Role of epistemological beliefs and learned helplessness in secondary school students´ learning science concepts from text.* Journal of Educational Psychology, 87, 282-292
[Res1987]	Rescher, N. (1987) *Scientific realism. A critical reappraisal.* Dortrecht: Reidel
[Sab2000]	Saborowski, J. (2000) *Computervisualisierung und Modelldenken. Konzeptionelle Grundlagen und fachdidaktische Konsequenzen für den Chemieunterricht.* Köln: Jörg Saborowski Verlag
[Schei2006]	Scheier, C.-A. (2006) *Die Wissenschaftlichkeit der Psychoanalyse und das Ende des Psychologismus: Freuds „Entwurf einer Psychologie" von 1895.* Vorlesungen. Wintersemester 2006/07 und Sommersemester 2007 Braunschweig
[Schei2010]	Scheier C.-A. (2010) *Einführung in die Systemtheorie (Luhmann).* Vorlesung. Winter- und Sommersemester 2010/11 Braunschweig
[Scho1994]	Schommer, M. (1994) *Synthesizing epistemological belief research: Tentative understandings and provocative confusions.* Educational Psychology Review, 6, 293-320
[Sim1989]	Simonyi, K. (1987) *Kulturgeschichte der Physik.* Urania Verlag Leibzig Jena Berlin 1990
[Sok399]	Platon (399vuZ): *Apologie des Sokrates.* 399vuZ fand der Prozess gegen Sokrates statt. Reclam 1986
[Sok2005]	Sokal, A. (2005) *Pseudosciences et postmodernisme, adversaires ou compagnons de route?* Odile Jacob, Paris

[Sta1973]	STACHOWIAK, H. (1973) *Allgemeine Modelltheorie*. Heidelberg: Springer
[Str2014]	STRAHL, A. (2014) *Einführung in die philosophischen Grundlagen der Natur der Naturwissenschaften. Praxis der Naturwissenschaften Physik*. In: Wissenschaftstheorie und Nature of Science. Heft 8. 63. Jahrgang 2014
[Vol1988]	VOLLMER, G. (1988) *Evolutionäre Erkenntnistheorie*. Stuttgart: Hirzel
[Vol2001]	VOLLMER, G. (2001) *Wir irren uns empor*. Persönliches Gespräch. TU Braunschweig

Literatur Kap. 3 & 4: Was ist Physik? – Physikdidakik

[Bil2004]	Beschlüsse der Kultusministerkonferenz. (2004) *Bildungsstandards im Fach Physik für den Mittleren Schulabschluss* (Jahrgangsstufe 10). Luchterhand. Online: *http://www.kmk.org/fileadmin/veroeffentlichungen_beschluesse/2004/2004_12_16-Bildungsstandards-Physik-Mittleren-SA.pdf* (20.05.2013)
[Bor1965]	BORN, M. (1965) *Erinnerung an Einstein*. Physikalische Blätter, 7/1965
[Hom800vuZ]	HOMER: *Odyssee* spätes 8. Jahrhundert vor unsere Zeitrechnung (v.u.Z.) 10.302-4 Reclam 1986
[Mik2006]	MIKELSKIS, H. F. (2006) Physik als Beitrag zur Bewältigung gesellschaftlicher Schlüsselprobleme. In: Physikdidaktik – Praxishandbuch für die Sekundarstufe I und II. Mikelskis (Hg.) Cornelsen Scriptor
[Mik2009]	MIKELSKIS, H. F. (2009) Quo vadis Physikdidaktik? – Ein (selbst-) kritischer Rück- und Ausblick. In: GDCP Band – Entwicklung naturwissenschaftlichen Denkens zwischen Phänomen und Systematik. Höttecke, D. (Hg.)
[KrüParSch2014]	KRÜGER, D., PARCHMANN, I. & SCHECKER, H. (2014) *Methoden in der naturwissenschaftsdidaktischen Forschung*. Springer

| [Wag1962] | WAGENSCHEIN, M. (1962): *Die Pädagogische Dimension der Physik*. Wiederaufgelegt. Aachen: Hahner Verlagsgesellschaft Neu Aufl. von 1995 |

Literatur Kap. 5: Von der Beobachtung zur Theorie

[Imp2010]   Impulse Physik 11/12 (2010) für Niedersachsen G 8, Klett

[Cur1.4]   CurveExpert Basic 1.4 (evaluation edition)
www.curveexpert.net/downloads/cvxpt140.exe
(20.05.2013)

[LD2008]   LD-Didactic; SCHRAMM, C. (2008) Pendel mit veränderbarer Fallbeschleunigung (variables g-Pendel)
http://www.ld-didactic.de/literatur/hb/d/p1/p1516_d.pdf (18.10.2012)

[MyV2007]   Riesenschaukel (2007) hochgeladen auf MyVideo von FRANZIMAUS93 *http://www.myvideo.de/watch/1981514/riesenschaukel* (20.05.2013)

[Phywe]   Phywe Variables g-Pendel
https://www.phywe.de/51/pid/26209/Variables-g-Pendel-.htm (20.05.2013)

[Roth2006]   ROTH, G. (2006) Möglichkeit und Grenzen von Wissensvermittlung und Wissenserwerb. In Caspary (Hg.) Lernen und Gehirn. Verlag Herder

[Roth2007]   ROTH, G. (2007) Persönlichkeit, Entscheidung und Verhalten. Stuttgart: Klett-Cotta

[You2012]   World's Largest Rope Swing (2012) hochgeladen auf YouTube von DEVINSUPERTRAMP *http://www.youtube.com/watch?v=4B36Lr0Unp4* (20.05.2013)

[You2011]   Riesenschaukel das Ergebnis (2011) hochgeladen auf YouTube von SBTBEATENBERG *http://www.youtube.com/watch?v=JAuIfZVQFhY* (20.05.2013)

Literatur Kap. 6: Interesse

[BauLehLeh+1997] BAUMERT, J.; LEHMANN, R.; LEHRKE, M. ET AL. (1997) *TIMSS - Mathematisch-naturwissenschaftlicher Unterricht im internationalen Vergleich*: deskriptive Befunde. Opladen: Leske + Budrich

[BauBosWat1998] BAUMERT, J.; BOS, W.; WATERMANN, R. (1998) *TIMSS/III: Schülerleistungen in Mathematik und den Naturwissenschaften am Ende der Sekundarstufe II im internationalen Vergleich; Zusammenfassung deskriptiver Ergebnisse.* Berlin: Max-Planck-Inst. für Bildungsforschung.

[Grä1992] GRÄBER, W. (1992) *Untersuchung zum Schülerinteresse an Chemie und am Chemieunterricht.* Chemie in der Schule 39 (7/8)

[HäuBünDui+1998] HÄUßLER, P.; BÜNDER, W.; DUIT, R.; GRÄBER, W.; MAYER, J. (1998) *Welche Perspektiven eröffnet die Interessenforschung?* In: Naturwissenschaftsdidaktische Forschung. Perspektiven für die Unterrichtspraxis. Kiel, Kapitel 3

[Hof1990] HOFFMANN, L. (1990) *Mädchen und Physik – ein aktuelles, ein drängendes Thema.* NiU-Physik Heft 1. Seelze

[HofHäu1994] HOFFMANN, L.; HÄUßER, P. (1994) *Zeitweise Aufhebung der Koedukation – Ein Modellversuch.* In: NiU-Physik Heft 49. Seelze, Kiel

[HofHäuLeh1998] HOFFMANN, L.; HÄUßER, P.; LEHRKE M. (1998) *Die IPN-Interessenstudie* Physik. Kiel: IPN

[Kra1992] KRAPP, P. (1992) *Interesse, Lernen und Leistung. Neuere Ansätze der pädagogisch-psychologischen Interessenforschung.* Aschendorff Verlag

[Nol1989] NOTLE-FISCHER, G. (1989) *Bildung zum Laien – Zur Sozialisation des schulischen Fachunterrichts.* Weinheim

[Sas2005] Sasol-Studie (2005) *Zu den beliebtesten Schulfächern.* Durchgeführt im November 2004 vom IJF Institut für Jugendforschung München.

| [Zwi2006] | ZWIOREK, S. (2006) *Mädchen und Jungen im Physikunterricht*. In: Physikdidaktik – Praxishandbuch für die Sekundarstufe I und II. MIKELSKIS (Hg.) Cornelsen Scriptor |

Literatur Kap. 7 & 8: Schülervorstellungen & Anhang

| [Duit1993] | DUIT, R. (1993) *Schülervorstellungen – von Lerndefiziten zu neuen Unterrichtsansätzen*. In: MÜLLER, R.; WODZINSKI, R.; HOPF, M. (2004) Schülervorstellungen in der Physik. |

| [Ebe1987] | EBERHARD, K. (1987) *Einführung in die Erkenntnis- und Wissenschaftstheorie: Geschichte und Praxis der konkurrierenden Erkenntniswege*. 2. Aufl. 1999, Stuttgart, Berlin, Köln, Kohlhammer |

| [Fis2002] | FISCHER, E.P. (2002) *Die andere Bildung*. Ullstein Verlag, 8. Auflage |

| [HerFürStr2016] | HERBST, M.; FÜRTBAUER, E.M.; STRAHL, A. (2016) *Interesse an Physik - in Salzburg.* PhyDid B |

| [Jun1986] | JUNG, W. (1986) *Alltagsvorstellungen und das Lernen von Physik und Chemie*. In Naturwissenschaften im Unterricht – Physik und Chemie: Alltagsvorstellungen. Heft 34 |

| [KlaBuh1971] | KLAUS, G.; BUHR, M. (1971). *Philosophisches Wörterbuch*. 8. Aufl., Leipzig |

| [Muc1993] | MUCKENFUSS, H. (Hg.) (1993) – Unterricht Physik: *Schülervorstellungen*, Friedrich Verlag, 16/1993 |

| [MülWodHop2004] | MÜLLER, R.; WODZINSKI, R.; HOPF, M. (Hg.) (2004) *Schülervorstellungen in der Physik* |

| [PosStrHew+1982] | POSNER, G.J.; STRIKE, K.A.; HEWSON, P.W.; GERTZOG, W.A. (1982) *Accomodation of a scientific conception: toward a theory ok conceptual change*. In: Science Education Heft 66 |

| [Roth2007] | ROTH, G. (2007) *Persönlichkeit, Entscheidung und Verhalten*. Stuttgart: Klett-Cotta |

| [Scho1818] | SCHOPENHAUER, A. (1818) *Die Welt als Wille und Vorstellung*. Erster und zweiter Teilband Diogenes 1977 |

| [Schwa2002] | SCHWANITZ, D. (2002) *Bildung – Alles was man wissen muß*. Leipzig: Goldmann |

[Wie2008]   WIESNER, H. (Hg.) (2008) Praxis der Naturwissenschaften
               –Physik in der Schule: *Physikunterricht an Schülervor-*
               stellungen orientieren Auslis Verlag, 6/57, Sep. 2008

[Wie2009]   WIESNER, H. (Hg.) (2009) Praxis der Naturwissenschaften
               – Physik in der Schule: *Physikunterricht an Schülervor-*
               stellungen orientieren II Aulis Verlag, 3/58, Apr. 2009

[Wit1918]   WITTGENSTEIN L. (1918) *Tractatus logico-philosophicus Lo-*
               gisch-philosophische Abhandlungen. edition suhrkamp
               2003

	Mein Interesse daran ist ...	5 sehr groß	4 groß	3 mittel	2 gering	1 sehr gering	G	M u N	P u T
01.	Über die friedliche und die militärische Nutzung von Beobachtungssatelliten diskutieren und ihre Bedeutung einschätzen.								
02.	Mehr darüber erfahren, wie Farben am Himmel zustandekommen (Himmelsblau, Abendrot, Regenbogen).								
03.	Mehr darüber erfahren, welche Aufgaben elektronische Bauteile in Haushaltgeräten haben (z. B. im Kühlschrank oder in der Waschmaschine).								
04.	Darüber diskutieren, welchen Sinn Lärmschutzverordnungen haben und an wen man sich bei Lärmbelastigungen wenden kann.								
05.	Mehr Einblick erhalten, wie Mikroskope oder verschiedene Spiegel in einer Arztpraxis Verwendung finden.								
06.	Mehr darüber erfahren, wie die ganze Welt aus kleinen Teilchen (den Atomen) aufgebaut ist, und diese aus noch kleineren Teilchen (den Elementarteilchen) aufgebaut sind.								
07.	Sich mit der Umweltgefährdung durch giftige Rauchgase beschäftigen und über mögliche Gegenmaßnahmen diskutieren.								
08.	Mehr darüber erfahren, wie verschiedene Geräusche bei einem Gewitter zustandekommen (z. B. langes dumpfes Donnern, kurzes prasselndes Krachen).								
09.	Mehr darüber erfahren, wie man die Lichtbrechung mathematisch berechnen kann.								
10.	Sich mit Unfallstatistiken beschäftigen und über den Sinn von Geschwindigkeitsbegrenzungen diskutieren.								
11.	Mehr darüber erfahren, wie das Wetter zustande kommt.								
12.	Mehr Einblick erhalten, welche kraftsparenden Geräte in einer Autowerkstatt verwendet werden.								
13.	Sich mit der Umweltbelastung verschiedener Kraftwerke beschäftigen und über die Möglichkeiten einer umweltfreundlichen Erzeugung elektrischen Stroms diskutieren.								
14.	Mehr Einblick erhalten, welche künstlichen Organe (z. B. Herz als Blutpumpe) und Gelenke heute in der Medizin zur Verfügung stehen.								
15.	Ein Gerät bauen, mit dem man radioaktive Strahlen nachweisen kann.								
16.	Über militärische und friedliche Anwendungen von Lasern diskutieren.								
17.	Mehr darüber erfahren, wie es kommt, dass kleine Rauchteilchen eine ständige Zitterbewegung ausführen.								
18.	Versuche planen zu der Frage, wovon es abhängt, wie schnell ein Gegenstand abkühlt.								
19.	Sich mit der militärischen und friedlichen Anwendung von Kernenergie beschäftigen und darüber diskutieren, wie Unheil abgewendet werden kann.								
20.	Mehr Einblick erhalten, wie in einer Klinik krankes Gewebe und Krankheitserreger mit einem Mikroskop untersucht werden.								
21.	Die Stromstärken beim Anschluss mehrerer elektrischer Geräte berechnen.								

Summe

Geteilt durch 7 : 7 : 7 : 7

Wert

Angelehnt an: [Haußmann»1996, S.1 PF]

ALEXANDER STRAHL, Ass.Prof., PD, Dr. rer. nat., Dipl. Phys. ist Leiter der AG Didaktik der Physik an der School of Education der Universität Salzburg. Vorher war er Akademischer Rat am Institut für Fachdidaktik der Naturwissenschaften (IFdN) in der Abteilung Physik und Physik-didaktik der TU Braunschweig. Studium der Physik und Philosophie.
Forschungsgebiete: Formeln in der Physik, Alltagskontexte, Schulbuchforschung, Natur der Naturwissenschaft, Lernzyklen
Weitere Informationen und Veröffentlichungen finde Sie auf
www.strahl.info